元家裁調査官が提案する

面会交流はこう交渉する

事前交渉から調停段階まで
ポイントは早期解決と子の福祉の視点

小泉道子 著

発行 民事法研究会

はしがき

　家庭裁判所調査官として勤務していた際、数多くの面会交流事案にかかわってきましたが、離婚関連問題の中でも、面会交流は特に紛争が激化しやすく、調停が長引いたり、挙句の果ては審判に移行してしまったりと、残念な結果に終わってしまうことがありました。さらには、大変な思いをして合意した面会交流が、合意後間もなく実施されなくなり、すぐに履行勧告が申し出られたりと、無力感を感じることもありました。単に、子どもと親が会ったり、交流したりするだけのことが、今や大変難しくなってきていることを実感すると同時に、「紛争が高まる前（＝早期）」に、「継続可能な（＝子の福祉に資する）内容」で合意する重要性についても痛感しました。

　面会交流調停の事件数は年々増加しており、弁護士であるみなさんも代理人として面会交流事件に携わることが増えたことと思います。しかし、面会交流は、上述のように困難事例化しやすいうえに、婚姻費用や養育費における算定表のような「基準」がありません。また、ご自身の身近にお子さんがいない場合、親子がどのようなことをして時間を過ごすのか、イメージできなかったりするのではないでしょうか。そのため、面会交流事案を受任したけれど、相手との交渉をどのように進めてよいかイメージが湧かないとか、同居親から「会わせない」と言われてすぐに調停を申し立てたが、調停が長期化して困ったという経験をされた方もいるのではないでしょうか。

　本書は、多くの面会交流調停に立会してきた筆者が、面会交流事案は子の福祉に即した内容で早期解決するのが望ましいという考えを大前提に、そのために必要な交渉の方法について提案しています。面会交流の具体的な案や、典型的な困難事例もふんだんに紹介していますので、実際に事案を受任した際のイメージをもって、読み進めていただけるのではないかと思います。

　筆者が本書を執筆する機会をいただけたのは、家庭裁判所調査官として経験や知識を蓄積することができたからです。最後になりましたが、家庭裁判所調査官時代にお世話になった上司や先輩方、悩みを共有してくれた同僚た

ち、何より、これまでかかわらせていただいた親御さんや子どもたちに、心より感謝したいと思います。本書が面会交流事案の早期解決に役立ち、温かな雰囲気の中、穏やかな気持ちで会える親子が増えることにつながれば、これに勝る喜びはありません。

 平成29年11月

著 者 小 泉 道 子

第3刷発刊にあたって

 本書は、おかげさまで多くの方々にご利用いただき、第2刷に続き、第3刷を刊行することとなりました。発刊以来、本書に著した考え方が大きく変わることはありませんが、面会交流やADRをめぐる動きには大きな変化がありました。特に、面会交流支援団体の数が増え、また法務省でもこうした団体をホームページで紹介するようになりました。そこで、第2刷発刊にあたり、附録1に収録していた面会交流第三者機関紹介の部分を全面的に差し替え最新の情報にしたほか（189～198頁）、コラム（185頁）を新しいものにするなどの修正をいたしました。

 令和4年9月

著 者 小 泉 道 子

『元家裁調査官が提案する　面会交流はこう交渉する』
目　次

第1章　面会交流の今

I　面会交流の変遷 …… 2

1　親権者の変化との関係 …… 2
2　別居中の夫婦にも面会交流が認められることに …… 2
3　民法による明文化 …… 3
4　法律以外の要因による変化 …… 3

II　家庭裁判所における現在の面会交流事件実務 …… 4

1　原則実施論と禁止・制限事由 …… 4
2　家裁調査官による調査 …… 5
3　調停と審判の位置づけ …… 5

III　面会交流事件における代理人の役割 …… 7

1　子の福祉の視点 …… 7
2　子どもとの面接 …… 8
3　「量より質」の面会交流 …… 8

（コラム）現場から❖子どもを面会交流に送り出す同居親の複雑な心情 … 9

第2章　早期解決のすすめ

I　早期解決が望ましい理由 …… 12

1　長期化によるデメリット……………………………………………12
(1)　父母の高葛藤化………………………………………………12
(2)　子どもの負担の増加…………………………………………13
(3)　離婚そのものや他の離婚条件への影響……………………13
㋐　離婚そのものへの影響………………………………13
㋑　養育費や婚姻費用との関係…………………………14
2　調停前の交渉段階での合意がベスト…………………………14
(1)　調停合意をめざす風潮………………………………………14
(2)　裁判所内外での試行的面会交流の実施……………………14
(3)　他の事件が優先されがちという事情………………………15
3　小　括………………………………………………………………15

Ⅱ　長期化の弊害事例……………………………………………………16

1　父母が高葛藤化した事例………………………………………16
(1)　婚姻生活………………………………………………………16
(2)　別居の背景……………………………………………………17
(3)　別居後の流れ…………………………………………………17
㋐　協議離婚が可能かと思われた段階…………………17
㋑　協議離婚が難しくなってきた段階…………………17
㋒　調停申立て……………………………………………17
㋓　調停不成立と離婚訴訟………………………………18
(4)　結　果…………………………………………………………18
(5)　ポイントの検討………………………………………………18
2　調停になったために長期化した事例…………………………19
(1)　婚姻生活………………………………………………………19
(2)　別居の背景……………………………………………………19
(3)　別居後の流れ…………………………………………………20
㋐　離婚条件の協議がうまくいかない段階……………20

(ｲ)　調停申立て……………………………………………………… *20*

　　(4)　結　　論 ……………………………………………………………… *21*

　　(5)　ポイントの検討………………………………………………………… *21*

　3　子どもの負担が増した事例 ………………………………………………… *22*

　　(1)　婚姻生活………………………………………………………………… *22*

　　(2)　別居の背景……………………………………………………………… *22*

　　(3)　別居後の流れ…………………………………………………………… *22*

　　　(ｱ)　母が行動化する段階 ………………………………………………… *22*

　　　(ｲ)　調停申立て …………………………………………………………… *23*

　　(4)　結　　果………………………………………………………………… *23*

　　(5)　ポイントの検討………………………………………………………… *24*

　4　小　　括 ……………………………………………………………………… *24*

（コラム）現場から❖子どもに離婚を説明する本 ……………………………… *25*

第3章　早期解決のための下準備

Ⅰ　初期段階における依頼者への情報提供 …………… *28*

　1　情報提供のポイント ………………………………………………………… *28*

　　(1)　まだ「迷い」があるうちの情報提供………………………………… *28*

　　(2)　子の福祉の視点からの情報提供は依頼者の利益につながる……… *29*

　　(3)　主語は「あなた」ではなく「一般的な離婚家庭」………………… *29*

　2　同居親への情報提供 ………………………………………………………… *30*

　　(1)　子の福祉の視点………………………………………………………… *30*

　　　(ｱ)　父母の離婚や別居による喪失感を癒す …………………………… *30*

　　　(ｲ)　別居親への罪悪感を癒す…………………………………………… *30*

　　　(ｳ)　別居親からも愛されていることを実感できる …………………… *31*

　　　　(エ) 別居親のイメージをよくすることで、子どもの自己肯定感をUpさせ
　　　　　　る……………………………………………………………………………………*31*
　　　(2) 同居親へのメリットの提示……………………………………………………*32*
　　　(3) 調停・審判になった場合の見通し……………………………………………*32*
　　3　別居親への情報提供………………………………………………………………*32*
　　　(1) 子の福祉の視点…………………………………………………………………*33*
　　　　(ア) 子どもの生活リズムを乱さない……………………………………………*33*
　　　　(イ) 子どもの心身の発達段階や性格・発達特徴を考慮する…………………*33*
　　　　(ウ) 子どもの希望を尊重する……………………………………………………*33*
　　　　(エ) 面会交流を段階的にとらえる………………………………………………*34*
　　　(2) 調停・審判になった場合の見通し……………………………………………*34*
　　　(3) 同居親に対する気遣いも必要であること……………………………………*34*

Ⅱ　子どもとの面接 ……………………………………………………*36*

　1　子どもに会う必要性…………………………………………………………………*36*
　　(1) 「子の福祉」という視点…………………………………………………………*36*
　　(2) 子どもの「生の声」の説得力……………………………………………………*37*
　　　(ア) 別居親に対する説得力………………………………………………………*37*
　　　(イ) 調停委員会に対する説得力…………………………………………………*37*
　　(3) 子どもが拒否していなくても会って話を聞いたほうがよい
　　　　理由…………………………………………………………………………………*37*
　2　子どもの面接の留意点………………………………………………………………*38*
　　(1) 子どもの面接の実施時期…………………………………………………………*38*
　　(2) 依頼者からの情報収集……………………………………………………………*39*
　　(3) 面接場面設定上の注意……………………………………………………………*39*
　　(4) 子どもの負担への配慮……………………………………………………………*40*
　　　(ア) 面接時間………………………………………………………………………*40*
　　　(イ) 面接の冒頭場面………………………………………………………………*40*

(ウ)　面接終了時 …………………………………………………………… 41
　3　子どもへの説明の重要性………………………………………………… 42
　　(1)　子どもへの説明事項 ……………………………………………… 42
　　　(ア)　両親の紛争の状況 …………………………………………… 42
　　　(イ)　話を聞く人の立場（役割） ………………………………… 43
　　　(ウ)　なぜ話を聞くのか（理由） ………………………………… 43
　　　(エ)　聞いた話はどのように使われるのか（用途）…………… 43
　　(2)　実際の説明例 ……………………………………………………… 43
　　　(ア)　「両親の紛争の状況」の説明 ……………………………… 44
　　　(イ)　「話を聞く人の立場」の説明 ……………………………… 44
　　　(ウ)　「なぜ話を聞くのか」の説明 ……………………………… 44
　　　(エ)　「聞いた話はどのように使われるのか」の説明 ………… 44

Ⅲ　暫定的・試行的面会交流の実施 ………………………………… 45

　1　暫定的・試行的面会交流を行うメリット ……………………………… 45
　　(1)　子どもの負担を軽減 ……………………………………………… 45
　　(2)　問題点の洗い出し ………………………………………………… 46
　　(3)　代理人の仲介 ……………………………………………………… 46
　2　注意点 ……………………………………………………………………… 46
　　(1)　禁止・制限事由がないことが大前提 …………………………… 46
　　(2)　依頼者への説明の重要性 ………………………………………… 47
　　　(ア)　同居親への説明 ……………………………………………… 47
　　　(イ)　別居親への説明 ……………………………………………… 47
（コラム）現場から❖オンライン親教育プログラム ………………………… 48

第4章　早期解決に導く交渉術

Ⅰ　協議を前に進める主張 …………………………………… 50

1　協議を前に進めるために必要な条件 ……………………… 50
(1)　具体性があるか ……………………………………………… 50
(2)　回数や時間にこだわっていないか ………………………… 51
(3)　理由づけがされているか …………………………………… 51

Ⅱ　説得力のある主張をするための立場別聴取事項 … 53

1　別居親の代理人になった場合の聴取項目 ………………… 53
(1)　同居当時の親子関係 ………………………………………… 53
(2)　将来の親子像 ………………………………………………… 54
(3)　求める面会交流の具体的内容 ……………………………… 54
(4)　同居親の反応予測 …………………………………………… 54
(5)　実現可能性の検討 …………………………………………… 55

2　同居親の代理人になった場合の聴取項目 ………………… 55
(1)　同居当時の親子関係 ………………………………………… 55
(2)　別居後の子の心情の変化 …………………………………… 56
(3)　別居親の主張を拒否する具体的理由 ……………………… 56
(4)　条件（ルール）や代替案 …………………………………… 56
(5)　子どもの言い分 ……………………………………………… 57
(6)　別居親の反応予測 …………………………………………… 57

Ⅲ　具体的聴取例 ………………………………………………… 59

1　別居親の代理人の場合 ……………………………………… 59
(1)　主張構造 ……………………………………………………… 59

(2)　聴取内容……………………………………………………………………60
　　(ア)　同居当時の親子関係 ……………………………………………………60
　　(イ)　将来の親子像 ……………………………………………………………60
　　(ウ)　具体的な面会交流案 ……………………………………………………60
　　(エ)　同居親の反応予測と実現可能性の検討を依頼者に促す………………61
　(3)　ポイントの検討……………………………………………………………61
　(4)　実際の主張…………………………………………………………………62
2　同居親の代理人の場合……………………………………………………………63
　(1)　主張構造……………………………………………………………………63
　(2)　聴取内容……………………………………………………………………63
　　(ア)　同居当時の親子関係 ……………………………………………………63
　　(イ)　別居後の子の心情の変化 ………………………………………………64
　　(ウ)　別居親の主張を拒否する具体的理由 …………………………………64
　　(エ)　条件や代替案 ……………………………………………………………65
　　(オ)　子どもの言い分 …………………………………………………………65
　　(カ)　別居親の反応予測 ………………………………………………………65
　(3)　ポイントの検討……………………………………………………………66
　(4)　実際の主張…………………………………………………………………66
（コラム）現場から❖意外とハードルが高い「寝る」という行為 …………68

第5章　子の福祉に即した面会交流を提案するための引き出し

Ⅰ　特徴別具体的面会交流の引き出し……………………………70

1　日常生活に組み込まれた面会交流………………………………………………70
　(1)　別居親宅で過ごす…………………………………………………………70

　　　　(ア)　別居親の生活を垣間みれる …………………………………… 70
　　　　(イ)　懐かしさを味わえる ……………………………………………… 71
　　　　(ウ)　子どもの負担が少ない ………………………………………… 71
　　　　(エ)　費用がかからない ……………………………………………… 71
　　　　(オ)　普通の親子体験ができる ……………………………………… 71
　　(2)　平日の夕飯 ……………………………………………………………… 72
　　　　(ア)　忙しい子ども向け ……………………………………………… 72
　　　　(イ)　候補日の選択肢が広がる …………………………………… 72
　　　　(ウ)　同居親も少し楽ができる …………………………………… 72
　　(3)　習い事の送迎 ………………………………………………………… 72
　　　　(ア)　日程調整が楽 …………………………………………………… 73
　　　　(イ)　キャンセルされにくい ………………………………………… 73
　　　　(ウ)　子どもと共通の話題ができる ……………………………… 73
　　　　(エ)　幼児の習い事は意外と触れ合いが多い ………………… 73
２　子どもの成長を実感できる面会交流 …………………………………… 74
　　(1)　行事参加、授業参観 ………………………………………………… 74
　　　　(ア)　子どもの休日・自由時間を占領しない ………………… 74
　　　　(イ)　同居親の参加も可能 ………………………………………… 74
　　　　(ウ)　子どもの成長を定期的に実感できる …………………… 75
　　(2)　勉強やスポーツを教える …………………………………………… 75
　　　　(ア)　指導的な親の役割を果たすことができる ……………… 75
　　　　(イ)　子どもといっしょに体を動かす …………………………… 76
３　子どもの興味に沿った面会交流 ………………………………………… 76
　　(1)　キャラクターやアイドルのイベント ……………………………… 76
　　　　(ア)　子どもが楽しみにする ………………………………………… 76
　　　　(イ)　日程調整でもめない …………………………………………… 77
　　(2)　博物館や科学館など ………………………………………………… 77
　　　　(ア)　同居親も喜ぶ …………………………………………………… 77

                (イ)　全天候型 ··· 77
                (ウ)　安　価 ··· 77
            (3)　スポッチャなどのスポーツ施設 ·· 77
                (ア)　単なるスポーツとは別の特別感 ··································· 78
                (イ)　運動が苦手な親でも何とかなる ··································· 78
        4　メリット中心型の面会交流 ·· 78
            (1)　ショッピング ·· 78
                (ア)　欲しい物リサーチもコミュニケーションの一つ ··············· 79
                (イ)　意外と多い会話量 ··· 79
                (ウ)　買うものは同居親に了解を得ておくのがベスト ·············· 79
            (2)　入場料の高い遊戯施設 ·· 79
                (ア)　特別感 ··· 79
                (イ)　別居親も楽しめる ··· 80
            (3)　外　食 ··· 80
        5　「直面」しない面会交流 ··· 80
            (1)　映画鑑賞 ·· 81
                (ア)　まずは、横に座ることから ··· 81
                (イ)　映画はオールラウンドプレーヤー ································ 81
            (2)　友人を交えての交流 ·· 81
                (ア)　会話が弾む ·· 81
                (イ)　子どもが喜ぶ ··· 82
                (ウ)　子どもの友人関係や対人関係能力が把握できる ············· 82
            (3)　ものを介した交流 ·· 82
                (ア)　「商品」というものを介した交流 ································· 82
                (イ)　おもちゃを介した交流 ··· 83

Ⅱ　子どもの年齢別引き出し ··· 84
    1　乳幼児期 ·· 84

(1) 監護実績のない別居親は短時間が基本 …………………… 84
　　(2) 監護実績のある別居親は滞在型 ……………………………… 85
　2 学童期 ……………………………………………………………………… 85
　　(1) 友人関係が急に濃厚になる …………………………………… 85
　　(2) 塾や習い事が忙しい …………………………………………… 86
　　(3) 生活にうまく食い込んだ面会交流を ………………………… 86
　3 中学生以降 ……………………………………………………………… 87
　　(1) それでも大切な面会交流 ……………………………………… 87
　　(2) 頻度にこだわらない …………………………………………… 87
　　(3) メリット中心型の面会交流 …………………………………… 87

Ⅲ　間接的面会交流の引き出し …………………………………………… 89

　1 具体的な間接的面会交流の例 ………………………………………… 89
　　(1) 手紙、メール、LINE ……………………………………………… 89
　　　(ア) 返信は子どもの自由 ………………………………………… 89
　　　(イ) 手紙の内容も大切 …………………………………………… 89
　　(2) FaceBookやTwitter、InstagramといったSNSのアカウントを教えてもらう ……………………………………………………… 90
　　(3) 授業参観・習い事の発表会鑑賞 ……………………………… 90
　　(4) 写真や成績表を同居親から送ってもらう …………………… 91
　　(5) その他 …………………………………………………………… 91
　2 再協議時期の設定 ……………………………………………………… 91
　　(1) 別居親の納得 …………………………………………………… 92
　　(2) 同居親の覚悟 …………………………………………………… 92

Ⅳ　そのほかのちょっとした引き出し ……………………………………… 93

　1 きょうだいが複数いる場合の工夫 …………………………………… 93
　　(1) 年齢差・性差がある場合 ……………………………………… 93

(2)　きょうだい間で別居親に対する感情が異なる場合……………94

　(3)　個別面会交流の具体的提案………………………………94

　　(ア)　中学1年の長男と小学1年の長女の例………………94

　　(イ)　高校2年の長女と小学3年の長男の例………………95

　　(ウ)　きょうだいの性格が違う例………………………………95

2　日程調整の工夫……………………………………………96

　(1)　父母間の連絡なしをデフォルトに…………………………96

　(2)　代理人による教育的指導……………………………………97

　(3)　第三者機関の連絡型を利用…………………………………97

（コラム）現場から❖忙しい子どもの増加……………………………98

第6章　拒否事例に学ぶ早期解決のための交渉術1 ──同居親の拒否──

I　合理的理由のない拒否 …………………………………… 100

1　別居親の不貞などに対する懲罰的拒否 ………………………… 100

《事例1》 …………………………………………………………… 101

　(1)　別居親の代理人が押さえておきたいポイント………………… 101

　　(ア)　具体的で説得力のある主張のための聴取 ………………… 101

　　(イ)　離婚理由が母にあることを考慮 …………………………… 102

　　(ウ)　父が拒否する他の理由も推測 ……………………………… 102

　　(エ)　見通しを父に伝える ………………………………………… 102

　(2)　同居親の代理人が押さえておきたいポイント………………… 102

　　(ア)　初期段階の情報提供 ………………………………………… 102

　　(イ)　父のメリットもある面会交流の内容にする ……………… 103

2 子どもを所有物化している拒否 ………………………………… 103
《事例2》 ………………………………………………………………… 104
(1) 別居親の代理人が押さえておきたいポイント ……………… 104
(ア) 現実的な面会交流を提案 ………………………………… 104
(イ) 養育費を検討 ……………………………………………… 104
(ウ) 将来的なビジョンを提供 ………………………………… 105
(エ) 見通しを母に伝える ……………………………………… 105
(2) 同居親の代理人が押さえておきたいポイント ……………… 105
(ア) 初期段階での情報提供 …………………………………… 105
(イ) 母のメリットにもなる面会交流を提案 ………………… 105

3 清算的拒否 ……………………………………………………………… 106
《事例3》 ………………………………………………………………… 106
(1) 別居親の代理人が押さえておきたいポイント ……………… 107
(ア) 具体的で説得力のある主張のための聴取 ……………… 107
(イ) 父に子どもの福祉の視点を提供 ………………………… 107
(ウ) 見通しを母に伝える ……………………………………… 108
(2) 同居親の代理人が押さえておきたいポイント ……………… 108
(ア) 早い段階での情報提供 …………………………………… 108
(イ) 母にも子どもにもメリットのある面会交流の提案 …… 108

II 別居親の問題行動を理由にする拒否 ……………………… 109

1 DV・モラハラなど ………………………………………………… 109
《事例4》 ………………………………………………………………… 110
(1) 別居親の代理人が押さえておきたいポイント ……………… 110
(ア) 現実的な面会交流の提案 ………………………………… 110
(イ) 第三者機関の提案と暫定的・試行的面会交流の提案 … 111
(2) 同居親の代理人が押さえておきたいポイント ……………… 111
(ア) 禁止・制限事由にあたるかどうかの検討 ……………… 111

(ｲ)　第三者機関の利用を検討 ································ *112*
　2　別居親のルール違反 ······································ *112*
《事例5》 ·· *112*
　(1)　別居親の代理人が押さえておきたいポイント ············· *113*
　　　(ｱ)　ルール違反の真偽についての聴取 ···················· *113*
　　　(ｲ)　反省の気持ちや今後の約束を聞き出す ················ *114*
　　　(ｳ)　再開時期を模索する ······························· *114*
　(2)　同居親の代理人が押さえておきたいポイント ············· *114*
　　　(ｱ)　同居親が求めるルールや口断の妥当性を考える ········ *114*
　　　(ｲ)　ルール決めと最後通告の提示 ······················· *115*
　3　別居親の監護能力に対する不信 ··························· *115*
《事例6》 ·· *116*
　(1)　別居親の代理人が押さえておきたいポイント ············· *116*
　　　(ｱ)　再開に向けての調整 ······························· *116*
　　　(ｲ)　協議途中での暫定的再開をめざす ··················· *117*
　(2)　同居親の代理人が押さえておきたいポイント ············· *117*
　　　(ｱ)　別居親の監護能力を推測、面会交流案の提示 ········· *117*
　　　(ｲ)　長男の様子も重要 ································· *117*

Ⅲ　子どもの事情を理由にする拒否 ······················ *119*

　1　子の繁忙を理由にする拒否 ······························· *119*
《事例7》 ·· *119*
　(1)　別居親の代理人が押さえておきたいポイント ············· *120*
　　　(ｱ)　子どもらのスケジュールを確認 ····················· *120*
　　　(ｲ)　面会交流案を再考 ································· *120*
　(2)　同居親の代理人が押さえておきたいポイント ············· *121*
　　　(ｱ)　子どもらのスケジュールを視覚的に把握する ········· *121*
　　　(ｲ)　代替案の提示 ····································· *121*

2 子の体調や発達特徴を理由にする拒否 …… *121*
《事例8》…… *122*
- (1) 別居親の代理人が押さえておきたいポイント …… *122*
  - (ア) 母の主張する発達障害の内容を検討する …… *123*
  - (イ) 修正案の作成 …… *123*
- (2) 同居親の代理人が押さえておきたいポイント …… *123*
  - (ア) 母の懸念点を具体的に聴取する …… *123*
  - (イ) 代替案の提案 …… *124*

3 子どもが同居親と離れられないことを理由にする拒否 …… *124*
《事例9》…… *125*
- (1) 別居親の代理人が押さえておきたいポイント …… *125*
  - (ア) 第三者機関の利用を含む、具体的な面会交流の方法を提案 …… *125*
  - (イ) 第三者機関を利用した暫定的・試行的面会交流の実施 …… *126*
- (2) 同居親の代理人が押さえておきたいポイント …… *126*
  - (ア) 子どもの状況を詳細に聴取 …… *127*
  - (イ) 母に面会交流の必要性やメリットをわかってもらい、代替案を作成 …… *127*

Ⅳ その他 …… *129*

1 再婚をきっかけとする拒否 …… *129*
《事例10》…… *129*
- (1) 別居親の代理人が押さえておきたいポイント …… *130*
  - (ア) 別居親から面会交流時の様子を聴取 …… *130*
  - (イ) 同居親に詳細な情報を求める …… *130*
  - (ウ) 代替案の提示 …… *131*
- (2) 同居親の代理人が押さえておきたいポイント …… *131*
  - (ア) 同居親から事情を聴取 …… *131*
  - (イ) 同居親への情報提供と代替案の提示 …… *131*

2　養育費不払いを原因とする拒否 ……………………………… *132*
　《事例11》……………………………………………………………… *132*
　　（1）　別居親の代理人が押さえておきたいポイント ……………… *132*
　　　㋐　父から面会交流時の様子を聴取 ……………………………… *133*
　　　㋑　養育費についても母に説明 …………………………………… *133*
　　（2）　同居親の代理人が押さえておきたいポイント ……………… *133*
　　　㋐　養育費の不払いは拒否理由にならないことを説明 ………… *133*
　　　㋑　面会交流は経済的メリットもあることを母に理解してもらう …… *134*
（コラム）現場から❖面会交流のルールはほどほどに…… ………………… *135*

第7章　拒否事例に学ぶ早期解決のための交渉術2──子どもの拒否──

I　別居親が原因の拒否 ……………………………………………… *138*

　1　同居当時の関係性を理由とする拒否 ………………………… *138*
　《事例12》……………………………………………………………… *139*
　　（1）　別居親の代理人が押さえておきたいポイント ……………… *139*
　　　㋐　同居当時の父子関係を客観的に把握する …………………… *139*
　　　㋑　父子関係が良好な部分に注目し、面会交流につなげる …… *140*
　　　㋒　別居親に子どもの福祉の視点をもってもらう ……………… *140*
　　（2）　同居親の代理人が押さえておきたいポイント ……………… *140*
　　　㋐　長男から父子関係について聴取 ……………………………… *141*
　　　㋑　父母の話を客観的に理解する ………………………………… *141*
　　　㋒　完全に拒否するのか、代替案を提案するのかを判断する … *141*
　2　別居時・別居後の別居親の言動を理由とする拒否 ………… *141*

《事例13》……………………………………………………… *142*
　(1)　別居親の代理人が押さえておきたいポイント……………… *142*
　　(ア)　子どもの年齢によっては、別居親の代理人が直接話を聞くという方法もある …… *142*
　　(イ)　段階的な面会交流を提案……………………………… *143*
　(2)　同居親の代理人が押さえておきたいポイント……………… *143*
　　(ア)　父および長女から拒否の事情や同居当時の母子関係を聴取 …… *143*
　　(イ)　代替案を用意しておく ………………………………… *144*

Ⅱ　父母の紛争に関連した拒否 …………………… *145*

1　同居親への気遣いによる拒否 ……………………………… *145*

《事例14》……………………………………………………… *146*
　(1)　別居親の代理人が押さえておきたいポイント……………… *146*
　　(ア)　長女の拒否の理由を把握する ………………………… *146*
　　(イ)　長女や母の負担感が少ない会い方や試行的面会交流の提案 …… *147*
　　(ウ)　家庭裁判所の調停申立てを検討 ……………………… *147*
　(2)　同居親の代理人が押さえておきたいポイント……………… *148*
　　(ア)　長女との面接が重要 …………………………………… *148*
　　(イ)　代替案の提示 …………………………………………… *148*

2　親の紛争に巻き込まれないための拒否 ………………… *149*

《事例15》……………………………………………………… *149*
　(1)　別居親の代理人が押さえておきたいポイント……………… *150*
　　(ア)　長女の拒否の理由を把握する ………………………… *150*
　　(イ)　長女の負担感が少ない会い方や試行的面会交流の提案 …… *150*
　　(ウ)　母にも自省を求める ……………………………………… *150*
　(2)　同居親の代理人が押さえておきたいポイント……………… *151*
　　(ア)　長女との面接 …………………………………………… *151*
　　(イ)　情報提供をしたうえで、進行を相談する ……………… *151*

Ⅲ その他　152

1 繁忙を理由にする拒否　152
《事例16》　152
(1) 別居親の代理人が押さえておきたいポイント　153
　㋐ 長女のスケジュールを把握する　153
　㋑ 子どものスケジュールを妨げず、かつ父の希望に近い面会交流を提案する　153
(2) 同居親の代理人が押さえておきたいポイント　154
　㋐ 長女のスケジュールを把握する　154
　㋑ 代替案を提案する　154

2 思春期的な拒否　154
《事例17》　155
(1) 別居親の代理人が押さえておきたいポイント　155
(2) 同居親の代理人が押さえておきたいポイント　156

（コラム）現場から❖子どもの拒否の問題　157

第8章　家庭裁判所調査官の役割と調査報告書の読み方

Ⅰ 家裁調査官の調停立会　160

1 立会の目的　160
(1) 調査に関する立会　161
　㋐ 調査の要否についての意見具申　160
　㋑ 調査に関する当事者への説明　161
　㋒ 調査後の説明　162

(2)　その他 …………………………………………………… *162*

　2　立会のタイミング ……………………………………………… *162*

　　(1)　初回立会 ……………………………………………………… *163*

　　(2)　途中からの立会 ……………………………………………… *163*

　　(3)　中抜け立会 ………………………………………………… *164*

Ⅱ　家裁調査官の調査 …………………………………………… *165*

　1　子どもの調査 …………………………………………………… *165*

　　(1)　子どもに意見を聞くことの可否 …………………………… *165*

　　(2)　調査の手順 ………………………………………………… *166*

　　　(ア)　同居親の調査面接 ………………………………………… *166*

　　　(イ)　別居親の調査面接 ………………………………………… *167*

　　　(ウ)　同居親を通じての事前説明 ……………………………… *167*

　　　(エ)　家庭訪問 …………………………………………………… *167*

　　　(オ)　家庭裁判所での面接 ……………………………………… *168*

　　(3)　調査報告書 …………………………………………………… *168*

　2　当事者（父母）の調査 ………………………………………… *169*

　　(1)　主張整理のための調査 ……………………………………… *169*

　　(2)　DVD視聴のための調査 …………………………………… *170*

　3　関係機関調査 …………………………………………………… *170*

　　(1)　医療機関 …………………………………………………… *171*

　　(2)　児童相談所・児童養護施設など …………………………… *171*

　4　出頭勧告および相手方調査 …………………………………… *171*

　　(1)　面会交流調停における出頭勧告の位置づけ ……………… *172*

　　(2)　出頭勧告のタイミング …………………………………… *172*

Ⅲ　試行的面会交流 ……………………………………………… *173*

　1　試行的面会交流が実施されるパターン ……………………… *173*

(1)　同居親の不安を払拭するため……………………………… *173*
　　(2)　長期間会っていない場合…………………………………… *174*
　　(3)　子の反応の確認……………………………………………… *174*
　　(4)　同居親が連れ去りの危険を主張している場合…………… *174*
　2　代理人の役割 ……………………………………………………… *175*
　　(1)　立会いの要否………………………………………………… *175*
　　(2)　依頼者への説明……………………………………………… *175*
　　(3)　子どもへの説明……………………………………………… *176*
　3　複数回試行することの功罪 ……………………………………… *176*
　　(1)　複数回実施するメリット…………………………………… *176*
　　　(ア)　同居親の不安解消 ……………………………………… *176*
　　　(イ)　子どもの安心につながる……………………………… *177*
　　(2)　複数回実施するデメリット………………………………… *177*
　　　(ア)　当事者の自覚の問題 …………………………………… *177*
　　　(イ)　それぞれの結果の相違 ………………………………… *178*
　　　(ウ)　調停の長期化 …………………………………………… *178*

Ⅳ　家裁調査官の調査報告書……………………………………… *179*

　1　調査報告書の構成 ………………………………………………… *179*
　　(1)　当事者の主張………………………………………………… *179*
　　(2)　子の生活状況・発達状況…………………………………… *179*
　　(3)　家庭訪問時の様子…………………………………………… *180*
　　(4)　子の面接場面………………………………………………… *180*
　　(5)　意見欄………………………………………………………… *181*
　2　指摘ポイント ……………………………………………………… *181*
　　(1)　子どもの能力を的確に把握しているか…………………… *181*
　　(2)　面接場面の設定は妥当か…………………………………… *181*
　　(3)　子どもへの説明は十分か…………………………………… *182*

(4)　発言のみではなく態度も観察しているか………………………… *182*
　(5)　誘導的な質問をしていないか…………………………………… *182*
　(6)　調査結果と意見に整合性があるか……………………………… *182*
　3　意見欄の読み方 ……………………………………………………… *183*
　(1)　結論をどの程度明確に書いているか…………………………… *183*
　(2)　当事者双方に何を求めているか………………………………… *183*
　(3)　次回以降の調停進行の見込み…………………………………… *184*
（コラム）現場から❖子どもの存在の威力 ………………………………… *185*

【付録１】　面会交流第三者機関完全マニュアル……………………………… *186*
【付録２】　参考文献……………………………………………………………… *199*

・著者紹介 ……………………………………………………………………… *200*

第1章

面会交流の今

I　面会交流の変遷
II　家庭裁判所における現在の面会交流事件実務
III　面会交流事件における代理人の役割

I　面会交流の変遷

> **代理人お役立ちポイント！**
>
> 面会交流を取り巻く法律や社会環境は、ここ数年で劇的に変化しています。戦前からの変遷の大枠をご紹介するとともに、家庭裁判所内にいて実感した、ここ数年の変化についてもお伝えします。

1　親権者の変化との関係

　厚生労働省の人口動態調査によると、子どものいる夫婦が離婚する場合、母が子どもの親権者となる割合は、平成27年の時点で84.3％に上るとされています。今となっては、この数字に疑いをもったり、違和感を感じる人はほとんどいないでしょう。しかし、今から70年前の日本では考えられない数字でした。当時の日本では、家長制度の意識が根強い中、子どもは「家のもの」であり、家長である父親が親権者となるのが当たり前だったのです。母は「家」を離れ、子どもとの交流を諦めざるを得ませんでした。

　しかし、徐々に母親が親権者となる割合が増加し、昭和40年代になると、母親が親権者となる割合が父親のそれを超えるようになってきます。時期を同じくして、「子の権利は未成熟子の福祉を害することがない限り、制限され又は奪われることはない」、「面接交渉権行使のための必要な事項は、正に民法766条1項による監護について必要な事項と解される」などとする審判（東京家審昭和39・12・14家月17巻4号55頁）がなされ、面会交流が権利として認められ始めました。

2　別居中の夫婦にも面会交流が認められることに

　平成12年には、別居中の夫婦についても、民法766条を類推適用し、別居親が同居親に対して面会交流を求めることができると認める決定が出されま

した（最決平成12・5・1民集54巻5号1607頁）。この決定により、面会交流が離婚事件の一部としてではなく、単独の事件として申し立てられることが増えていきました。このことは平成12年に2406件であった面会交流調停事件の新受件数が平成13年には2797件、平成14年には3345件、平成15年には4203件と大幅な増加を繰り返してきたことからもわかります（件数は司法統計による）。

3　民法による明文化

このような変遷を経てきた面会交流ですが、一番最近の大きな変化といえば、平成23年に成立した改正民法により、面会交流の法的根拠が民法上明文化されたことが挙げられます（766条1項の改正）。また、これを受け、離婚届にも記載は任意ではあるものの、面会交流について定める項目が追加され、一気に面会交流が世間に認知されるようになりました。

4　法律以外の要因による変化

インターネットの普及とともに、以前は書物から収集するしかなかったような情報が、自宅にいながらにして簡単にパソコンやスマホで検索できるようになったことも、面会交流に変化をもたらしています。たとえば、子どもに会えない親の団体やその活動が知られるようになり、欧米の共同監護や頻回な面会交流に関する情報なども容易に検索できます。これまで、子どもと会うのを諦めてきた別居親たちが、これらの情報に触れることにより、面会交流という権利を主張するようになってきているように思います。

II　家庭裁判所における現在の面会交流事件実務

> **代理人お役立ちポイント！**
>
> 　家庭裁判所の面会交流事件に関する実務も、ここ数年で大きく変化しています。その中でも特に感じるのが、子どもの調査の位置づけや実施時期の変化です。また、調停と審判との関係も少しずつ変化しているように思います。

1　原則実施論と禁止・制限事由

　現在の家庭裁判所は、面会交流について原則実施論を採用しているといわれています。すなわち、面会交流によって子の福祉を害するおそれがあるといえる特段の事情がある場合を除き、原則として面会交流が認められるという考え方です。この考え方に影響を与えたとしてしばしば紹介されるのが、Wallersteinらの研究です。この研究は、カリフォルニア州の離婚家庭に対し、25年間に及ぶ追跡調査を行ったもので、別居親との関係性の継続が子どもの健全な発達に資すると指摘しています。

　そのため、現在の家庭裁判所の実務では、「子の福祉を害するおそれがあるといえる特段の事情」である禁止・制限事由の有無がまず最初に議論されることになります。そのうえで、禁止・制限事由がないとなれば、面会交流を実施する方向で協議が進められていきます。

　この原則実施論に対しては、人的・物的な環境整備がなされなければ、子の福祉を害しかねないという批判もあります。先日も、面会交流中に別居親が子どもと無理心中したという痛ましい事件がありました。このような事件が発生すると、面会交流の負の部分がクローズアップされ、特に批判が強まるように思います。

しかし、家庭裁判所の中で家庭裁判所調査官（以下、「家裁調査官」という）として勤務していた筆者としては、実務において「原則実施論」を意識していた実感はありません。というのも、個別の案件を目の前にしたとき、「原則実施」かどうかは別にして、その子どもにとって、別居親との面会交流がプラスになるのか、それともマイナスなのかを考えていくことになるからです。親の性格や子どもの性格、離婚の背景や葛藤の程度など、面会交流にはさまざまな要素が絡んできます。一つとして同じ案件はありません。そのため、何かの理論に機械的にあてはめるのは難しく、個別に考えていくしかないのです。

2　家裁調査官による調査

　これまで、子どもは親の離婚に関して、「蚊帳の外」でした。これは、子どもを傷つけまいとする親の配慮でもあります。家庭裁判所の子どもの調査の位置づけも、以前は、最後の最後にやむなく実施するというパターンが多かったように思います。というのも、以前は、「子の意思表明権」などというものはほとんど意識されず、子どもから親の離婚や面会交流について話を聞くのは、子どもの負担であるという考え方が主流だったからです。そのため、子どもに負担を強いて調査を行うのは、最後の手段として認識されていました。

　しかし、現在は、子の意思表明権を背景として、積極的に子どもから話を聞き、子どもの意思を反映した問題解決をめざす傾向にあります。そのため、調査を行う時期も、最後の最後ではなく、適切な時期（比較的早期に）に行うのが主流です。

3　調停と審判の位置づけ

　今も昔も、面会交流事件は、なるべく調停合意をめざす点は同じです。いくら審判で「会わせなさい」と決めたところで、同居親の協力がなかったり、子どもが拒否している場合、絵に描いた餅になりかねないからです。しかし、

面会交流の不履行に対する間接強制が認められるようになり、審判で決定する意味合いが少し変わってきました。また、最近は、権利意識が強い当事者も多く、「双方が折り合って、なるべく話し合いで合意しよう」というより、「決められたら従うから、早く審判で決めてほしい」という当事者が増えたようにも思います。さらには、世間からは早期解決の要請もあります。そのため、調停と審判のそれぞれの役割や位置づけも少しずつ変化しているように思います。

Ⅲ 面会交流事件における代理人の役割

> **代理人お役立ちポイント！**
> 以上のような変遷を経てきた面会交流ですが、それに携わる代理人には、どのような役割が求められるのでしょうか。数多くの面会交流調停に立ち会ってきた筆者ならではの視点で、「早期」かつ「円滑」に事案を合意に導くために必要だと思うことをお伝えします。

1 子の福祉の視点

　同居親の代理人であっても、別居親の代理人であっても、子の福祉の視点が求められることに変わりはありません。このことは、面会交流に携わる専門家として倫理的・道義的に求められるとも考えられます。しかし、子の福祉を追求することは、ひいては、同居親や別居親の利益にもつながるともいえます。

　たとえば、依頼者である別居親が求めるままに、子どもの福祉を無視した面会交流を勝ち取ったとします。しかし、そのような面会交流は遅かれ早かれ破たんします。それより、別居親の希望どおりではなかったとしても、子の福祉の視点を取り入れた面会交流を末永く継続できるほうが、長い目でみると、別居親に利益をもたらすことになります。

　また、依頼者が同居親である場合も同様です。依頼者が希望するままに面会交流を阻止したとします。しかし、別居親との交流を断たれた子どもは、両親から愛されているという実感がもてず、自己肯定感が低くなるかもしれません。また、思春期や反抗期に同居親との関係が悪化するかもしれません。子どもの健全な成長に悪影響であるということは、ひいては、同居親が子育てに苦労するということです。

　そのため、長い目でみた依頼者の利益を追求すれば、おのずと子どもの福

祉につながるということができます。まさに、「子どもの幸せなくして親の幸せなし」ということだと思います。

2　子どもとの面接

先ほど、家裁調査官が積極的に子どもの調査を行うようになったとお伝えしましたが、調停前の交渉段階では、代理人が子どもの意思表明権のカギを握ることになります。積極的に子どもに会い、子どもの意見を取り入れた解決をめざしてほしいと思います。

3　「量より質」の面会交流

アメリカでは、別居親との交流が子どもの成長にどのような影響を及ぼすか、数多くの研究がなされています。その研究結果もさまざまであり、別居親との交流時間が長いほうがよいとされるものから、交流時間の長短と子どもの健全な成長には関連性がみられないとするものまでさまざまです。しかし、多くの研究の中で明らかになっているのは、大切なのは交流の回数や時間ではなく、交流の内容だということです。

これまで、面会交流事案で代理人が主張書面を作成する場合、「月に1回、1回5時間」とか、「夏休みと冬休みには、宿泊付きの面会交流を1回」といったように、面会交流の頻度や時間に焦点を当てた内容が多かったように思います。もちろん、求める頻度が曖昧なままでは、同居親との交渉も進みません。しかし、頻度だけではなく、面会交流でどのようなことをしたいのか、どのような時間を過ごしたいのか、どのような親子関係を築いていきたいのかといった、「面会交流の中身」にも言及することが求められるのだと思います。

現場から ❖ 子どもを面会交流に送り出す同居親の複雑な心情

　以前、このようなことを言っている同居親がいました。

　「子どもが面会交流を楽しみにしていると、何となく虫が好かないけど、あの人に会うのが楽しみなんじゃなくて、イベントに行くのが楽しみだとわかっているから、こっちも悔しくないの」。

　この言葉を聞いたとき、同居親は複雑な心情を抱えながら、子どもを面会交流に送り出してくれているんだなぁと実感しました。同居親にとっては、別居親と仲よくしてほしくないと人間味のある感情をもっているけれど、子どもには楽しんでほしいという親としての純粋な気持ちが入りまじっているのでしょう。

　いつも、「お子さんが面会交流に出かけるときは、笑顔で『いってらっしゃい。楽しんでおいで』と送り出してあげてください」と当たり前のように伝えていますが、この当たり前が結構難しいのだと思います。

第2章

早期解決のすすめ

I 早期解決が望ましい理由
II 長期化の弊害事例

I 早期解決が望ましい理由

> **代理人お役立ちポイント！**
>
> 本章では、なぜ面会交流は早期解決が望ましいのかについてご説明します。「面会交流調停に1年もかかってしまった」という事態にならないように、面会交流事案の早期解決の必要性についてご理解いただければと思います。

1 長期化によるデメリット

- 面会交流に限らず、離婚条件に関する争いは、早期解決が望ましいのはいうまでもありません
- しかし、面会交流は、その中でも特に早い段階での解決が求められる案件だといえます。なぜなら、面会交流は、養育費や財産分与といったお金の問題と違い、人の心が大きく関係しているからです。

(1) 父母の高葛藤化

　面会交流の調停や審判に立ち会っていて感じたのは、当事者双方の感情の対立が激しいことです。たとえば、養育費や婚姻費用といったお金の問題であれば、調停の回数を重ねるごとに、当事者双方の納得や諦めもあり、最終的には算定表に近い金額に収れんしていくことが多いものです。

　しかし、面会交流事件は、調停が長引けば長引くほど、同居親の拒否の姿勢が頑なになったり、「面会交流ができない理由」がどんどん増えていったりします。また、なかなか会うことができない別居親がしびれを切らし、親権を要求してきたり、子どもの学校の前で待ち伏せするなど、実力行使に出てしまったりします。こうなると、「子の福祉」はどこかに飛んでいってし

まい、父母の戦いが始まります。そのため、面会交流は、父母の葛藤が高まらないうちに解決してしまうのが望ましいのです。

(2) 子どもの負担の増加

解決までの時間が長くなると、上述のように父母間の葛藤が増すことになり、子どもがその葛藤にさらされることになります。父母の別居により、せっかく夫婦げんかを見聞きしなくてよくなったと思いきや、また紛争に巻き込まれることにもなりかねません。たとえば、調停から帰宅した同居親から別居親の悪口を聞かされたりします。また、電話口で争っている父母のけんかを聞いてしまうかもしれません。そのような直接的な影響がなかったとしても、長引く協議に疲れた同居親の様子を子どもは敏感に感じ取り、「面会交流＝同居親を疲れさせるもの」とインプットしてしまったりするのです。

また、子どもなりに、親の状況や気持ちを理解しようとしますので、「会いたい」とか「会いたくない」という純粋な自分の気持ちを表明しづらくなります。さらには、別居親と会っていない期間が長くなると、それだけで面会交流が気まずいものになってしまいます。子どもは、父母の葛藤を知っていながら、長い間会っていない別居親と面会交流をしなければならないわけですから、精神的には大きな負担となります。

(3) 離婚そのものや他の離婚条件への影響

面会交流が合意できないために、離婚そのものや他の離婚条件に影響を及ぼすことがあるので要注意です。

(ア) 離婚そのものへの影響

本当は親権者になりたいけれど、諸事情により難しいと思われる別居親が、親権を諦める条件として、面会交流を求めることがあります。このような主張は、決して珍しくありませんし、子どもと離れて暮らすことになる親の心情として、とても理解できるところです。

しかし、このような場合に面会交流に関する主張が食い違うと、別居親は「ちゃんと会える保証がないなら、親権は諦めない」と主張することになります。親権者が決まらなくなると、ひいては離婚そのものが合意できなく

なってしまいます。財産分与や他の条件では合意できているけれども、面会交流の方法が決まらないために離婚を合意できないのはあまりにも残念です。

　(イ)　養育費や婚姻費用との関係

　面会交流と養育費は、本来的には何ら関係はありません。しかし、面会交流と養育費は、往々にして「バーター」としてとらえられます。そのため、「子どもに会わせてくれないなら、養育費を支払わない」と関連づけて主張されることが少なくありません。せっかく養育費や婚姻費用を支払っていた別居親が面会交流をさせてもらえないために支払いを止めてしまうなど、新たな紛争の種を生むことになりかねません。

2　調停前の交渉段階での合意がベスト

- ・早期解決のためには、調停前の交渉段階で合意できるのがベストです。
- ・面会交流調停事件は、養育費や婚姻費用といった案件に比べ、調停終結までの期間が次のような理由で長期化する傾向にあります。

(1)　調停合意をめざす風潮

　面会交流は、審判で結論を出したとしても、同居親が応じてくれなければ絵に描いた餅になりかねません。審判結果どおりの面会交流が実施されない場合、別居親には間接強制の手続をとる道が残されていますが、実際に子どもを育てている同居親が経済的にひっ迫しては元も子もありません。また、同居親がさらに感情を悪化させ、子どもとの面会交流が遠のく結果にもなりかねません。そのため、裁判官としても、何とか当事者双方の合意を引き出したいと考えるため、調停期日を重ねがちです。

(2)　裁判所内外での試行的面会交流の実施

　試行的面会交流は、問題点の洗い出しや本番に向けての「お試し」など、さまざまなニーズで行われます。家裁調査官の調査という形で試行的面会交

流を実施する場合、児童室の確保や家裁調査官の予定を合わせる必要もあるため、試行が1か月以上先、次回期日は3か月先、といったことも十分考えられます。また、期日間に家庭裁判所外で面会交流を実施する場合も、当事者双方や子どもの予定を合わせる必要があるため、多くは2か月程度先に次回期日が設定されます。

(3) 他の事件が優先されがちという事情

面会交流が単独で申し立てられることもありますが、別居している夫婦が「離婚」「婚姻費用」「面会交流」の三事件について同期日で協議するパターンが考えられます。この場合、同居親と子どもの生活費を確保するため、婚姻費用の協議が優先されがちです。そして、婚姻費用調停が成立したとたん、同居親が調停に出席しなくなってしまったりするのです。

また、この三つの事件に「監護者の指定」が加わることもあります。この場合、同居親が連れ去りの危険などを主張し、「監護者が決まるまで、面会交流はさせられない」などと言ったりします。そうなると、やむなく監護者に関する協議を優先せざるを得なくなり、面会交流についての協議が進まなくなってしまいます。

3 小 括

以上のような理由により、面会交流案件は早期の解決が望ましいと考えます。特に、調停になってしまうと、協議の長期化が予想されますので、できれば調停前の交渉段階で合意できるのがベストです。

離婚調停に出席していると、調停期日を重ねるごとに、自分の考えが明確になっていく当事者もいました。また、あえてじっくりと話し合いを進めることで、自分自身を納得させているような人もいました。そのため、すべての案件について、早期解決が望ましいわけではないと思います。しかし、面会交流は、「親と子どもが会う」という本来的には当たり前の行為が中断してしまっており、その再開をめざすという点で、他の案件とは異なる性格を有するのだと思います。

Ⅱ　長期化の弊害事例

> **代理人お役立ちポイント！**
>
> 　次は、協議が長期化したために、問題解決がさらに困難になった事例をご紹介します。架空の事例ですが、家裁調査官時代に経験した「あるある」をふんだんに散りばめています。協議の長期化が、いかに問題を複雑にするか、依頼者や子どもにデメリットをもたらすか、実感していただけると思います。

1　父母が高葛藤化した事例

父：52歳、医者

母：48歳、専業主婦

長女：5歳、幼稚園

(1)　婚姻生活

　母は、学歴が高く医者である父を尊敬し、専業主婦として家庭を守ってきた。高齢で長女を出産し、体調を崩しがちだったが、一生懸命に長女を育ててきた。父にとっても、40歳代後半になってようやく授かった子どもということもあり、長女はかけがいのない存在であった。そのため、忙しい仕事の

合間に遊んでやったりと、父子関係は良好であった。

(2) 別居の背景

　父は、母の育児に批判的な見方をするようになり、「おまえは専業主婦なのに、育児もろくにできないのか」、「おれの大切な娘を名門小学校に入学させられないなら、おまえとは離婚だ」と妻につらくあたった。

　このような日々が数年続いたが、母は、父に言い返すことができなかった。いつしか、父が帰宅するだけで動悸がしたり、頭が痛くなった。母は、勇気を振り絞り、離婚を前提として、長女を連れて実家に戻りたい旨を父に伝えた。当初、父は、長女を連れていくことに反対だった。しかし、医者で多忙な自分が長女を世話できないこともわかっていたため、渋々応じた。

(3) 別居後の流れ

(ア) 協議離婚が可能かと思われた段階

　別居後すぐ、父母双方がそれぞれ弁護士に依頼し、離婚協議が始まった。父は、とりあえず長女に会いたいと考え、父の代理人から母の代理人に申し入れた。父としては、同居当時の父子関係が良好であったことから、何ら問題はないと思っていた。しかし、母からは、「長女の心情に配慮し、離婚協議が終わるまでは待ってほしい」という返事が返ってきた。父は、納得できない気持ちもあったが、「長女の心情に配慮し」と言われてしまうと、何となく仕方がない気もした。また、財産分与や養育費については、相場より多めに支払うつもりであったため、すぐに協議離婚できるだろうという算段もあった。 ポイント1

(イ) 協議離婚が難しくなってきた段階

　しかし、実際に協議を始めてみると、母は、専業主婦ということもあり、離婚後の生活に不安があると述べ、財産分与や養育費といった金銭面の条件にこだわりをみせた。また、モラハラに対する慰謝料も請求してきた。父は、親権を諦めるつもりでいたが、金銭面にこだわる母への反感もあり、「そんなに経済的に困るなら、俺が長女を育てる」と言い出した。 ポイント2

(ウ) 調停申立て

親権で争うことになった以上、協議離婚は難しいと考えた母の代理人は、家庭裁判所に離婚調停を申し立てた。離婚調停では、お互いの不平不満が爆発し、互いに互いを批判する書面の応酬となった。この間、父は何度も面会交流を求めたが、母は、「実家で少し会う程度ならいい」と父が納得しない条件を出したり、挙句の果てには、父が親権を主張していることを理由に、連れ去りが危惧されると言い出した。 ポイント3

父は、なんだかんだと理由を付け、長女に会わせてくれない母にいら立ちが募り、財産分与や養育費を多めに払おうと思っていた気持ちはとっくに消え失せていた。母も、今さら親権を主張してくる父に嫌悪感を抱くようになった。

(エ) 調停不成立と離婚訴訟

面会交流以外の協議も遅々として進まず、調停は不成立となった。母は、離婚訴訟を提訴し、父はあらためて面会交流調停を申し立てた。すでに別居から半年が経過しており、この間、父は一度も長女に会うことができなかった。

(4) 結　果

離婚訴訟の結果、母が受け取った財産分与の金額や、定められた養育費の金額は、父が協議の段階で提示したものよりも低い金額であった。

父が申し立てた面会交流調停は、離婚訴訟中であったこともあり、父と長女を月に1回会わせる形で合意した。しかし、父が長女に会えなくなってから、すでに1年近くが経過していた。

幼い長女は、長い間、父に会えなかったことから、父のことを少し忘れかけていた。また、1年振りに父に会う際は、とても緊張したし、ストレスを感じ、再会を楽しむことができなかった。

(5) ポイントの検討

ポイント1　この段階で、母の代理人が面会交流の必要性や調停や裁判になった際の見通しを母に伝え、早期の面会交流が実現していれば、結果はどう変わっていたでしょうか。

ポイント2　父の代理人が、「勝つ見込みのない親権ではなく、面会交流の早期実現を求めていきましょう」と父に助言できていれば、調停にはならなかったかもしれません。

ポイント3　この時点で、父母の代理人が、期日間の試行的面会交流の実施に向けて協議ができていれば、少なくとも「会えない期間」は中断し、父のいら立ちも少し収まったかもしれません。また、長女の緊張やストレスも軽減されたことと思います。

2　調停になったために長期化した事例

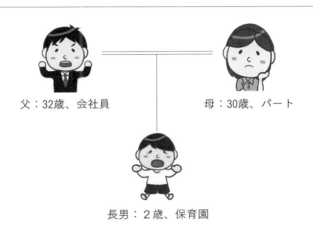

父：32歳、会社員　　　　母：30歳、パート

長男：2歳、保育園

(1)　婚姻生活

父母は半年という短い交際期間を経て20歳代で結婚し、1年後には長男が誕生した。父の給料が安定しなかったため、母も家計補助のためにパートに出ていた。長男は、生後半年で保育園に入所した。父も子育てを手伝ったが、主たる監護者は母であった。

(2)　別居の背景

母は、長男を出産後、育児とパートの両立が大変になり、収入が安定しな

い夫に不満が募った。出会ってから現在に至るまでの期間も3、4年と短く、母は「人生をやり直すなら早いほうがいい」と考えるようになった。ある日、父の独身時代の借金が発覚した。母は、もうこれ以上、婚姻生活は継続できないと考え、長男を連れて実家に戻った。

(3) 別居後の流れ
(ア) 離婚条件の協議がうまくいかない段階

父母は、婚姻期間が短く、特に財産とよべるものもなかったため、離婚条件として決めるべきは、長男の養育費と面会交流のみであった。そのため、父母は、弁護士に依頼することなく協議を進めていた。父は、養育費を支払うつもりでいたが、収入が安定しないこともあり、母が要求する金額は支払えないと主張した。この間、母の実家が遠方であったことから、父は経済的にも時間的にも余裕がなく、長男に会いにいけずにいた。母は、父がなかなか養育費を支払ってくれないことに腹が立ち、「養育費を支払わないなら、子どもに会わせない」と言い出した。また、あわよくば、まだ幼い子どもの記憶から、父の存在を消し去りたいとも思っていた。父は、あわてて弁護士事務所に相談に行き、面会交流調停を申し立てることになった。　ポイント1

(イ) 調停申立て

母と子どもの住む地域にある家庭裁判所が管轄であったが、父は遠方すぎて通うことができず、電話会議システムを利用して調停を進めることとなった。電話会議システムでの調停は、便利な反面、お互いの様子をうかがうことができないため、なかなか協議がスムーズに進まなかった。また、すでに別居して半年以上が経っていたため、母は「今さら会っても子どもは父親だと認識できず、泣いてしまうかもしれない」と言い出した。

そのため、家庭裁判所にて試行的面会交流を行い、子どもが父親と泣かずに遊べるかどうかを判断することになった。しかし、父は遠方の家庭裁判所に足を運ぶには、仕事の調整が必要であり、実際に試行するまで、さらに2か月を要した。母が長男を連れて家を出てからすでに8カ月以上が経過していたこともあり、試行の場面で、長男は父を見て号泣してしまった。試行的

面会交流はあえなく中断され、最終的には、父のほうから調停を取り下げた。父は、会えないという結論がつらく、「だったら、最初からいなかった子どもだと思おう」と決意した。母の前から行方をくらまし、その後決まった養育費の支払いもしなくなった。 ポイント2

(4) 結論

父は、子どもに会えないつらさから、仕事も辞めてしまい、居所を転々としていた。「誰かのために頑張る」という就労意欲もなく、身を持ち崩してしまった。

母は、養育費をもらえず、また、長男の養育も一人で担っていかなければならなかった。長男は、成長とともに、自分の出自に興味をもつようになり、「自分にはパパがいないのか」、「なぜ、パパがいないのか」、「一体、自分は誰の子どもか」といったような疑問を母に投げかけた。母は、答えに窮し、子どもの記憶から父を消し去ろうとしたことを後悔した。

(5) ポイントの検討

ポイント1 もし、父の代理人が、すぐに調停を申し立てるのではなく、母に、調停になった場合の見通しや、別居親と子どもの交流の大切さを伝えられていればどうだったでしょうか。同時に、父に対して、養育費と面会交流の関係について理解を求め、暫定的な金額でもよいので支払うよう促していればどうでしょうか。母の気持ちも少しはほぐれ、理性的な協議ができたかもしれません。

ポイント2 父の代理人が、間接的面会交流や、直接的面会交流に向けての協議再開の時期を定めた条項案を提案できていればどうでしょうか。父は、間接的な交流を楽しみつつ、いつかは会えるかもしれないという希望を抱くことができたかもしれません。そうなれば、「父親づらして会うためには、養育費ぐらいは支払わないと」と一念発起し、仕事をし、養育費も支払っていたかもしれません。

3　子どもの負担が増した事例

父：50歳、会社員　　　母：38歳、会社員

長女：15歳、高校1年

(1) 婚姻生活

父は母の職場の上司であった。歳は離れていたが、母は父を尊敬できると感じ、結婚に至った。結婚後、すぐに長女が生まれ、婚姻生活は順調であった。

(2) 別居の背景

母は、自身が年齢を重ねるごとに、父への尊敬が薄れ、えらそうにする父が嫌になってきた。そんな気持ちを職場の同僚に聞いてもらっているうちに、男女関係になり、さらには、父にもばれてしまった。母は、激高した父に責め立てられるように家を出た。長女も連れて出たかったが、父に「浮気をしたおまえに母親の資格はない」と言われ、断念した。父母ともに世間的には高所得者であったため、それぞれに弁護士を依頼し、弁護士を介しての離婚協議が始まった。

(3) 別居後の流れ

㋐　母が行動化する段階

別居後、母は、すぐに長女に会いたくなり、代理人を介して父に連絡をし

た。しかし、父は「おまえに会う資格はない」の一点張りで、会わせてくれなかった。 ポイント1

　焦った母は、長女の携帯電話にも連絡したが、父に着信拒否設定をされているようで、話すことができなかった。そこで、母は、下校途中の長女を待ち伏せしたところ、長女はうれしそうに母のもとに走ってきた。長女は、突然母が出ていってしまい寂しいこと、でも、転校はしたくないため、このまま父と生活するのも悪くないと考えていることなどを話した。

　数日後、母がまた校門前で待っていたところ、長女が通りかかったが、今度は、下を向いて通り過ぎようとした。驚いた母が声を掛けたところ、長女は、母に会うと父と気まずい雰囲気になるため困る、と述べ、すぐに帰ってしまった。 ポイント2

　母の代理人は、このまま協議を続けていても無駄だと判断し、家庭裁判所に面会交流調停を申し立てた。 ポイント3

　(イ)　調停申立て

　父は、調停で、長女の拒否を理由に挙げ、面会交流には応じられないと主張した。そのため、家裁調査官が長女の意向を確認することとなった。長女は、部活動が忙しく、日程調整が難しかったこともあり、家裁調査官が長女から話を聞けたのは、調停の初回期日から半年が過ぎたころだった。

　長女は、家裁調査官に対し、もともと母のことが大好きで、家を出ていってしまったときはとても悲しかったこと、学校の前で会えたときはうれしかったけれど、そのことを父に話したら怒ったような顔をされたこと、さらには、母が長女を捨てて男性を選んだと聞かされ、悲しい気持ちになったことなどが語られた。そして、母と会うことについては、別居直後であれば、会いたい気持ちが強かったが、今となっては、いろいろなことを知ってしまい、その気持ちに迷いが生じていることが語られた。

　(4)　結　果

　父の拒否が頑なであったため、面会交流調停は審判に移行した。審判では、長女の母を恋しく思う気持ちが重要視され、面会交流が認められた。母は、

長女と面会交流ができるようになったが、長女とのこじれた関係は簡単には修復できなかった。長女は、母の不貞行為の事実を知り、結婚に夢がもてなくなった。また、父母の紛争を目の当たりにしたことで、父への不信感も募った。長女は、父子関係が悪化したまま、大学入学を機に家を出た。

(5) ポイントの検討

ポイント1 この段階で、父の代理人が「懲罰的な理由で面会交流を拒否しても、禁止・制限事由にはあたらない」と助言し、調停や審判になったときの見通しを父に伝えていたらどうでしょうか。頭のいい父は、「どうせ結果がそうなるなら、無駄に争っても疲れるだけだ」と考え方を切り替えていたかもしれません。また、父の代理人が直接長女と会い、早い段階で気持ちを聞けていれば、早期に面会交流が実現し、父子関係までもがこじれてしまう結果を避けられたかもしれません。

ポイント2 母が自分で動き出す前に、母の代理人が父の代理人と暫定的な面会交流について協議できていれば、母の行動化が長女を悩ませ、母子関係をこじらせずに済んだかもしれません。

ポイント3 母の代理人が、調停になった場合の見通しや、具体的な面会交流案などを提示し、協議を進めることができていれば、調停を申し立てずに済んだかもしれません。

4 小 括

以上、長期化により父母や子どもにデメリットが生じた事例を三つ紹介しました。長期化により、双方の感情が悪化し、得られるはずの経済的メリットを得られなかったり、すぐに会えるはずの子どもに会えなかったりと、さまざまなデメリットが浮かび上がっていたことと思います。

また、ポイントの検討では、「ここで、代理人がこうしていれば……」という早期解決のための交渉について言及しました。次の章では、この「早期解決のための交渉」について、体系的にお伝えしていきます。

現場から ❖ 子どもに離婚を説明する本

　お子さんに親の離婚を説明するのは、もっぱら両親の役目です。しかし、同居親の代理人になった場合、ぜひ積極的にお子さんに説明してあげてほしいと思います。その際に役に立つと思われる、「子どもに親の離婚を説明する本」を何冊かご紹介します。

　　『だいじょうぶ！ 親の離婚（子どものためのガイドブック）』（K・ウィンチェスター＝R・ベイヤー［著］・高島聡子＝藤川洋子［訳］）

　この本は、アメリカ人の著者が書いた本を元＆現役家裁調査官が翻訳したものです。年齢が高い子どもたちに親の離婚を説明する本が少ない中で、とても内容が充実した一冊になっています。中学生以上であれば子ども自身で理解できる内容です。

　　『恐竜の離婚』（ローリーン・クラスニー・ブラウン［著］・マーク・ブラウン［絵］・日野智恵＝日野健［訳］）

　　『いまは話したくないの』（ジニー・フランツ・ランソン［著］・キャサリン・クンツ・フィニー［絵］・上田勢子［訳］）

　　『ココ、きみのせいじゃない』（ヴィッキー・ランスキー［著］・ジェーン・プリンス［絵］・中川雅子［訳］）

　　『会えないパパに聞きたいこと』（新川てるえ［著］・山本久美子［絵］）

　　『モモちゃんとアカネちゃんの本(5)』（松谷みよ子＝伊勢英子［著］）

　これらの絵本は、年齢が低いお子さんにおすすめです。お子さんが一人で読める年齢であっても、いっしょに読んであげるのがよいと思います。

第3章

早期解決のための下準備

I　初期段階における依頼者への情報提供
II　子どもとの面接
III　暫定的・試行的面会交流の実施

I 初期段階における依頼者への情報提供

代理人お役立ちポイント！

　家裁調査官時代、当事者への情報提供の必要性を感じることがたびたびありました。しかし、すでに闘争モードの当事者は、提供される情報に聞く耳をもっていないことがほとんどです。早期解決の成否は、いかに初期段階で正しい情報が提供できているかにつきます。次は、そのような経験をもとに、初期段階での情報提供の重要性やポイントについてお伝えします。

1　情報提供のポイント

・情報提供は、依頼者だけでなく、相手に対しても有効です。特に、相手に代理人がついていない場合、主張のみではなく、一般論としての情報を提供したり、事案の見通しを伝えることが大切です。

(1) まだ「迷い」があるうちの情報提供

　家裁調査官は、調査や調停の場において、当事者に「子の福祉」の視点をもつことや、感情的でなはなく理性的な判断をすることを促したりします。しかし、家庭裁判所にきているということは、すでに紛争性が高まっているということであり、そのような当事者に「子の福祉」や「面会交流の必要性」を説明したところで、なかなか聞く耳をもってもらえません。

　そうかと思えば、頑固で頑なな同居親が、最初に相談した離婚カウンセラーから面会交流の重要性を説明され、それを素直に受け止めていたりするのです。初期の段階は、まだ「迷い」があり、自分自身の結論を出すための情報を収集している時期でもあります。そのため、その時期に触れた情報は、素

直に取り入れることができるのだと思います。

　法律相談に訪れた相談者や、その後の依頼につながった依頼者にも同様のことがいえるのではないでしょうか。中には、インターネットなどを駆使し、すでに十分な知識をもっている人もいますが、多くは、知識がないために専門家の知恵を借りにやってきた人たちです。たとえば、親権者になれば子どもを支配できると思っている人、養育費を支払ってさえいれば面会交流ができて当たり前だと思っている人、「面会交流」という言葉そのものを知らない人、さまざまな人がいると思います。そういう人たちにとって、中立的もしくは自分の味方である専門家から受けたアドバイスというのは、大変浸透性があるのではないでしょうか。

(2) 子の福祉の視点からの情報提供は依頼者の利益につながる

　代理人として、依頼者の主張とは異なる情報を提供することに抵抗を感じる方もおられるかもしれません。たとえば、会わせたくないと主張している同居親に対し、「お子さんのためには会わせたほうがいいですよ」という情報を提供する場合などです。しかし、第1章でも述べたように、子の福祉に資する面会交流は、同居親にとっても、別居親にとっても、メリットをもたらします。

(3) 主語は「あなた」ではなく「一般的な離婚家庭」

　情報提供のポイントとなるのは、「説得」ではなく「情報提供」である点です。依頼者は、説得されていると感じたとたん、心を閉ざしてしまいます。あくまで、一般的な情報として提供することに意味があります。話の主語は「あなた」や「あなたのお子さん」ではなく、「一般的な離婚家庭」です。

　たとえば、親の事情から子どもを別居親に会わせたくないと考えている同居親に対しては、「あなたのお子さんをあなたのご主人に会わせたほうがいい」と言うのではなく、「一般的に、子どもの健全な成長のためには、別居親にも会わせたほうがいいと言われています」といったふうに伝えるのがよいでしょう。

2 同居親への情報提供

- 面会交流案件がこじれる理由の一つとして、同居親の拒否や理解のなさがあります。
- 原則実施論とも呼ばれる現在の家庭裁判所の判断基準に照らすと、何らかの形で面会交流を実施しなければならない案件が多い中、同居親への情報提供は最重要課題です。

(1) 子の福祉の視点

子どもへの虐待行為があるなど、明確な禁止・制限事由があり、面会交流をしなくてもよいという結果を勝ち取れる案件もあるかもしれません。しかし、その割合は決して高くありません。なぜなら、多少の困難があったとしても、面会交流は子の福祉に資するということができるからです。同居親への情報提供の要は、何といっても子の福祉について理解してもらうことです。

(ア) 父母の離婚や別居による喪失感を癒す

子どもにとって、父母の離婚や別居は、父母の争いを目の当たりにしなくてもよくなったというメリットもあります。しかし、やはり、片方の親といっしょに生活ができなくなる寂しさもあります。周囲の友人と自分を比べ、「どうして自分には親が一人しかいないのか」と寂しく感じることもあります。そんな喪失感や寂しさを癒すのが別居親との面会交流です。子どもは、別居親と楽しい時間を過ごすことで、いっしょに住んでいなくても、自分にはもう一人の親がいることを実感することができます。

(イ) 別居親への罪悪感を癒す

他罰的な大人と違い、年齢が低い子どもはとても自罰的です。父母の離婚を自分のせいだと思っている子どもも少なくありません。家裁調査官時代には、「私がお友だちの家にお泊りに行ってたとき、ママが出て行っちゃった。あのとき、私が家にいたら、ママは出ていかなかったかもしれない」とか、

「パパだけ一人になってしまって申し訳ないし、かわいそう」といった子どもたちの声を聞きました。このような場合にも、面会交流はとても有効です。別居親に会って近況を聞いたり、元気な姿を見ることで、子どもは安心します。また、会えてさえいれば、「追い出しちゃってごめんね」とか、「○○（子どもの名前）は悪くないんだよ」というやりとりを別居親とできるかもしれません。このように、別居親に対する罪悪感も、会うことによって薄れていきます。

　　(ウ)　別居親からも愛されていることを実感できる

　別居親が家を出ていってしまったことに対し、見捨てられたと感じる子どももいます。また、本来あってはならないことなのですが、同居親から「パパは、あなたを捨てて出ていったのよ」と聞かされている子どもがいるという悲しい事実もあります。そのような場合でも、別居親と定期的に会い、「最近、学校はどう？」とか、「サッカー、上手になったか？」などと語りかけてもらえれば、別居親が子どもに関心があることが伝わり、見捨てられたわけではないことを理解できます。子どもは、別居親からも愛され、大切にされているという体験を通して自尊心をもち、ひいては他人を尊重する気持ちを育みます。

　　(エ)　別居親のイメージをよくすることで、子どもの自己肯定感をUpさせる

　さらに、もっと根本的な意味でも、別居親との面会交流はとても大切です。よく、同居親から「父親がろくでもないってことは、子どももよく知ってますよ」とか、「子どもは、男をつくって出ていった母親に会いたくないでしょう」といった主張が聞かれます。つまり、子どもは別居親をよく思っていない、という主張です。

　しかし、子どもが別居親を否定したままでよいのでしょうか。子どもの半分は別居親でできています。自分の半分を否定して生きていくのはとてもしんどいものですし、自己肯定感の低下にもつながります。今は何ともなくても、思春期や結婚、出産などの人生の節目において、自分の出自に思いを馳

せるようなとき、「なんだかんだ言っても、結構いい親だった」と思える子どもと、「自分の親は最低だ」と思う子どもと、どちらが幸せでしょうか。子どもを別居親嫌いにさせるのは簡単ですが、将来、その悪影響は子どもに降りかかることになります。この点、面会交流を重ねていれば、「親なりに自分のことを考えてくれている」とか、「親には親の事情があるんだな」といった別居親への理解につながり、ひいては自己肯定感がアップすることが期待できます。

　　(2)　同居親へのメリットの提示

　実は、子どもと別居親の面会交流を認めることは、同居親にもたくさんのメリットがあります。たとえば、面会交流をしている間、自分自身の自由時間ができます。また、習い事の送迎などを面会交流の内容に含めた場合、同居親の育児の負担が減ることにもなります。面会交流時に何か買ってもらったり、おいしいものを食べさせてもらったりすれば、家計の助けにもなります。さらに重要なメリットは、子どもの健全な成長に役立つということです。子どもがまっすぐ育ってくれることは、同居親にとって、この上もなく大きなメリットといえるでしょう。

　　(3)　調停・審判になった場合の見通し

　調停や審判になった場合の見通しを情報として提供することも大変重要です。いくら拒否していても、最終的に会わせることになると理解できているのと、ごね続ければ何とかなると思っているのとでは、問題解決に対する姿勢が大きく異なってきます。

3　別居親への情報提供

・面会交流に否定的な同居親に対する情報提供に比べ、別居親への情報提供は重要でないようにも思われます。
・しかし、会いたい気持ちが募った別居親は、ついつい自分の思いが先

行し、子の福祉の観点を忘れがちです。また、実際に子どもを育てている同居親への敬意や感謝の気持ちも重要です。

(1) 子の福祉の視点

　別居親に、子の福祉の視点をもってもらうこともとても大切です。別居親の中には、「面会交流は親の権利である」と主張し、子の福祉の視点が欠けている人がいます。そのような場合は、以下の点について情報提供を行う必要があります。

㈅　子どもの生活リズムを乱さない

　子どもの生活リズムを無視した、頻繁な面会交流を主張する別居親がいます。たとえば、子どもが小学校に入学したばかりで、いわゆる「小学1年生の壁」にぶつかっているとします。そのような場合、子どもにとって一番大切なのは、毎日同じルーティンをこなすことです。決まった時間に起き、遅刻せずに登校する。授業中は席について静かにしている。帰宅後は宿題を済ませ、決まった時間に就寝する、といった日常生活の繰り返しが学校への適応を生むからです。しかし、このような場合に、共同監護的な面会交流を求める別居親が「平日の半分は自分の家で夕飯を食べさせたい」などと主張してしまうと、子どもの生活リズムの安定を害してしまうことになります。

㈑　子どもの心身の発達段階や性格・発達特徴を考慮する

　母子分離が完了していない幼少の子どもに対して、宿泊を伴うような面会交流を主張するのも子の福祉に配慮しているとはいえません。また、子どもの性格や発達特徴を無視した主張も好ましくありません。たとえば、じっとしているのが苦手な子どもに対して、レストランで2時間程度食事をしたいと提案するなどです。

㈒　子どもの希望を尊重する

　子どもが小さいうちは、親があれこれと考えを巡らせる必要がありますが、子どもがある程度大きくなってくれば、子ども自身の希望を尊重することも大切です。たとえば、小学校に上がると、急に友人関係が密になり、休日は

一日中友だちと遊んでいたいという子どもも珍しくありません。また、面会交流の内容についても、希望が出てきます。そのような子どもに対し、毎週末面会交流を求めたり、子どもの興味や嗜好を無視し、毎回博物館や科学館に連れていったりするのでは、子どもの福祉に適う面会交流はできません。

　　(エ)　**面会交流を段階的にとらえる**

　また、面会交流を段階的にとらえる視点も大変重要です。別居親としての会いたい気持ちや理想の面会交流があるのはもちろんですが、子どもの置かれた状況を理解し、段階的に面会交流を充実させていく忍耐力も必要です。たとえば、長期間会っていない子どもに対し、宿泊を伴う面会交流を求める別居親がいます。しかし、子どもは、いきなりの長時間にわたる面会交流を楽しむことができるでしょうか。面会交流を長く続けるためにも、子どもに無理を強いる面会交流は避けなければいけません。

　(2)　**調停・審判になった場合の見通し**

　同居親の場合と同様、協議が調わず、調停や審判になった場合の見通しを伝えておくことも大切です。そして、過剰な要求をして関係をこじらせ、子どもに負担がかかる形で面会交流を行ったとしても長続きしないことや、落としどころだと思われる条件で早期に合意するメリットなどを伝えることが必要です。

　(3)　**同居親に対する気遣いも必要であること**

　簡単には会わせてくれない同居親に対し、「子どもを人質に取ったようなものだ」という批判が聞かれることがあります。もちろん、表現の仕方に問題はありますが、なんといっても、面会交流のカギを握るのは同居親であることは事実です。また、日々、苦労しながら子どもを育てているのも同居親なのです。そのため、依頼者の同居親批判に同調するのではなく、面会交流のカギを握るのは同居親であること、子どもを監護している同居親に敬意を表する必要があること、そのような態度が、ひいては円満な面会交流につながることを説明する必要があります。

　別居親にとって、同居親を肯定的にみるのはとても難しいことです。です

ので、この点についても、「あなたの奥さんは、ちゃんとお子さんを育てているじゃないですか」といったトーンではなく、「一般的に、面会交流のカギを握るのは同居親です。ですので、同居親の苦労にも理解を示すことが円満解決につながることが多いものです」といった一般的な知識として伝えることが大切です。

Ⅱ 子どもとの面接

> **代理人お役立ちポイント！**
>
> 　面会交流は別居親の権利でもありますが、何といっても主役は子どもです。同居親の代理人であれば、ぜひ子どもに会うことを検討してほしいと思います。しかし、子どもとの面接は、大人と会うのとは違う難しさがあります。次は、なぜ子どもに会ったほうがよいのか、会う際の留意点は何かについてお伝えします。

1 子どもに会う必要性

・何といっても、子どものことは子どもに聞くのが一番です。
・感情的になり、理性的な判断ができなくなっている親にとって、子どもの生の声は良薬となります。「生の声」とは、同居親から語られる子どもの気持ちではなく、子ども本人が語る自分の気持ちのことを指します。

---

(1) 「子の福祉」という視点

　家裁調査官時代、数多くの「子の意向調査」や「子の心情調査」を行ってきました。調査の目的は事案によってさまざまですが、多くの場合、父母に「子の福祉」という共通の視点をもってもらうことが目的の一つでした。もちろん、調停や調査で「子の福祉」の視点で協議を進めるよう促します。しかし、頭では理解していても、ついつい自分の利益や自分の希望を子どもの福祉にすり替えてしまう人が多いものです。そのようなとき、子の調査を行うと、子どもの生の声が父母に伝わり、子の福祉に即した理性的な話し合いにつながることがあります。

(2) 子どもの「生の声」の説得力

子どもの「生の声」には、面会交流に対する希望のほかにも、子どもが親の紛争に苦しめられていることや、それでも子どもが親のことをとても気遣っていることなどが含まれています。そのため、父母の心にとても響くのではないでしょうか。

(ア) 別居親に対する説得力

たとえば、「子どもが会いたくないと言っている」と別居親に伝えたとします。そのようなとき、別居親から「あいつ（同居親）が言わせているだけだ」とか、「それは子どもの本心ではない」という反論が聞かれることがあります。離婚協議に至っている時点で、すでに父母間には基本的な信頼関係はありません。そのため、別居親は同居親が主張する子の意向を信用することができないのです。ましてや、代理人である弁護士から伝えられたとしても、別居親にとっては、さらに「また聞き情報」になるだけであり、説得力が増すということはありません。

(イ) 調停委員会に対する説得力

協議の場が調停に移っていた場合、別居親のほかに、調停委員会にも子どもの気持ちを理解してもらう必要があります。しかし、面会交流の主役である子どもと会っていない代理人の主張は、一般論に終始し、説得力に欠くことがあります。また、何となく当事者と代理人の主張のニュアンスが噛み合わなかったりして、調停委員会に主張が伝わりにくかったりします。この点、実際に子どもに会って話を聞いたことがある代理人は、自分の言葉で子どもの気持ちや様子を語ることができ、説得力が違います。

(3) 子どもが拒否していなくても会って話を聞いたほうがよい理由

子どもが別居親との面会交流を拒否している場合はもちろんですが、そうでない場合も子どもと面接をしておくことをおすすめします。面会交流を実施する方向で協議を進めるにしても、面会交流の回数や内容で父母の主張が食い違うことが考えられます。その際も、実際に子どもに会い、子どもの面

会交流への希望や心配事などについて聞いておくことが有効です。

2 子どもの面接の留意点

・早期解決のために、大変有効な子どもとの面接ですが、大人の面接とは異なる「子どもならでは」の留意点があります。
・家裁調査官が子どもと面接する際のノウハウをお伝えします。

(1) 子どもの面接の実施時期

　協議のどの段階で子どもに会っておくのがよいのでしょうか。この点、私は、「早ければ早いほうがよい」と考えています。ひと昔前であれば、親の離婚を子どもに話すことすらタブーで、子どもは蚊帳の外でした。これは、「子どもには負担をかけたくない」という親心の表れでもあるのですが、面会交流事案の早期解決のためには、あまり得策ではありません。ぜひ、同居親の主張を別居親に伝える段階で、同居親の主張の裏づけや理由として子どもの気持ちを伝えてください。

　家裁調査官の「子の意向調査」や「子の心情調査」を行う時期もここ数年で変化してきています。以前は、議論を尽くしたけれども合意に至らず、双方の主張が硬直化しているような場面で「最後の切り札」として子どもの気持ちを聞くことが多かったように思います。しかし、最近は、「子の意思表明権」がいわれるようになり、子どもから話を聞くことは、子どもにとって「負担」なのではなく、子どもの「権利」であるという考え方が出てきました。また、実際に、調停の早い段階で子どもの気持ちを確認しておくことで、早期成立につながることもあります。

　双方の主張が凝り固まった段階で、その答合わせのために子どもから話を聞くのではなく、双方が自分の主張をする前に、参考材料として子どもから話を聞いておくというスタンスのほうが、子どもの意見が有効に活用される

と思われます。

(2) 依頼者からの情報収集

　ある程度年齢の高い子どもとの面接であれば、子どもの会話力も高く、事前準備をしなくても問題を感じないかもしれません。しかし、子どもの年齢が小さい場合や発達特徴がある場合などは、事前情報がないままに面接をしても、まったく成果が得られないということがあります。

　家裁調査官が子どもの心情調査や意向調査を行うときも、小学3、4年生くらいまでの子どもであれば、多くの場合、事前に同居親から子どもの発達状況や性格などを聞いておきます。特に、慣れない人と話すときの態度や、初めての場面に出くわした際の特徴などについて情報を得ておくようにしています。そうすれば、子どもが家裁調査官との面接の場面で、どのような言動をとりそうか予測することができ、その予測に基づいて準備ができるからです。

　たとえば、人見知りが激しく、初対面の人とは目も合わさないという事前情報があれば、事前に自宅にうかがい、時間をかけていっしょに遊ぶようなプランを立てます。また、発達障害のため、じっと座っているのが難しい子どもであれば、通常より短い時間で面接を終えられるよう工夫をしたり、面接に遊びを取り入れたりします。このような準備をせずに子どもに会ったとしても、結局何も話してくれなかったり、肝心なことが聞けなかったりという結果になりかねません。

(3) 面接場面設定上の注意

　家裁調査官は、子どもから話を聞く下準備として、まずは子どものテリトリーである自宅にうかがい、いっしょに遊んだりすることがあります。しかし、自宅で子どもから大切な話を聞くことは少なく、多くは、顔合わせや次回面接へのつなぎにとどめておきます。そして、二度目は、子どもに家庭裁判所に来てもらい、公平性を担保したうえで、面接を行うのが標準的な手順です。とはいっても、子どもにとって、家庭裁判所は緊張感のある場所です。そのため、家庭裁判所における面接は、児童室や比較的温かい雰囲気の調査

室を使用して行われます。

　では、代理人が子どもに会う場合、どのような手順を踏んだうえで、どこで会うのが望ましいのでしょうか。場面設定のポイントは、子どもの負担が少なく、かつできるだけ公平性が担保されていることです。事務所にキッズルームのような部屋があれば、そういった部屋で会うことも考えられますし、子どもの家に出向いて話を聞く際は、同居親に別室に待機しておいてもらうなどの工夫も考えられます。また、主張書面や陳述書を作成する際、そのような公平性の担保についても言及しておくと、別居親の納得が得られやすいと思われます。

(4) 子どもの負担への配慮

　どのような子どもであれ、自分が別居親と会うことについて他人から話を聞かれるというのは、心理的負担が大きいものです。そして、子どもに負担がかかる面接は、結果として、子どもが本音を話してくれなかったり、聞きたいことが聞けなかったりして、有効な情報は得られません。次は、子どもの負担を最小限にとどめる工夫をご紹介します。

(ア) 面接時間

　司法面接（虐待を受けたり、犯罪の目撃者になった子どもから話を聞く技法）では、「5分×年齢＝面接時間の限界」であるといわれています。もちろん、個人差はありますが、いろいろと聞きたいがために面接時間が長くなり、子どもが疲れ果てることがないよう注意が必要です。また、子どもの様子をよく観察するのも大切です。落ち着きなく体や目線を動かし始めたら、飽きてきたサインですので、早目に面接を終えたほうがよいでしょう。

　子どもは、飽きたり、疲れてきたりすると、早く終えたいがために、どのような質問にも「イエス」で答えたり、じっくり考えずに適当に答えたりしがちです。まだ聞きたいことが残っているときは、無理にすべてを聞いてしまうのではなく、面接を複数回に分けるという方法もあります。

(イ) 面接の冒頭場面

　子どもの緊張が一番高いのは冒頭の場面です。まずは、学校生活や友人、

好きなテレビ番組や最近はまっている遊びなど、子どもが興味をもって話せる話題を選択します。これまで硬い表情をしていた子どもが、自分からおもちゃの説明などを始めたら、緊張がほぐれてきたサインです。また、「今日はどうやって来てくれたの？」と直前の出来事を聞いたり、「緊張してる？」などと言って子どものその場の気持ちを話題にするのも、子どもの緊張を和らげるのに役立ちます。

　子どもの緊張が高いままに面接を進めてしまうと、いろいろな弊害が出てきます。まず、自分の言葉で語ることができず、「イエス、ノー」で答えられる質問にうなずく程度の反応しか返ってこないことがあります。また、緊張が高いと、疲労するのも早く、予定した時間よりも早い段階で、「もういいですか」と面接終了を希望されたり、そわそわして面接に集中できない様子をみせることがあります。そうなると、聞きたいことは十分に聞けず、子どもにとっても「いろいろ話せてすっきりした」という満足感は得られません。また、嫌な体験としてインプットされてしまい、再度話を聞きたいと思ったときに、「もう会いたくない」と拒否されてしまったりします。

　　(ウ)　面接終了時

　子どもにとって、両親の紛争に対する自分の気持ちを聞かれるのは時につらいものです。そのため、気持ちを聞かせてくれたことに対する感謝を伝えます。また、そのつらさを引きずらないよう、面接終了時には面会交流とは関係のない話で締めくくるという工夫もあります。たとえば、「今日はお疲れ様。いろいろ聞かせてくれてどうもありがとう。さて、この後はどこかに行く予定があるのかな？」とか「〇〇さんがたくさんお話ししてくれたので、とても助かりました。どうもありがとう。この後、お家に帰ったら、今日も〇〇して遊ぶの？」といった具合です。

3 子どもへの説明の重要性

- 十分な知識がない状態で表明された意思は、同じく十分な説得力をもちません
- 残念ながら、同居親からの説明は、不十分であったり、偏っていることがほとんどです。別居親の納得のためにも、代理人が適切な説明をしておくこと、そのことを子どもの面接の結果とともに別居親に伝えておくことが重要です。

(1) 子どもへの説明事項

　子どもの意思表明権が名実ともに認められている欧米諸国では、親の離婚に関しても、子どもに意見を聞くことが普通になっています。そして、意見を聞く前提として、子どもに正しい情報を提供することも徹底されています。たとえば、子どもの代理人制度が広まっており、子どもは、代理人から十分な説明を受けられます。また、裁判所や行政機関に、子ども用の説明パンフレットが置かれている国もあります。そのため、子どもたちは、どうして自分の意見が求められるのか、その意見はどう使われるのか、そもそも、親の離婚は自分たちにどんな変化をもたらすのか、といったことをきちんと理解したうえで意思を表明することができます。

　現在の日本では、子どもへの説明はもっぱら親が担うことになっています。しかし、客観的かつ適切な説明ができる親はそう多くはありません。そのため、子どもから話を聞く際、必要十分な説明をすることが求められます。説明の主な内容は、以下の4点です。

(ｱ) 両親の紛争の状況

　残念ながら、親の紛争の状況を正しく知らされている子どもが少ないのが現状です。紛争の理由や詳細な事情を知らせる必要はありませんが、「別居親が子どもに会いたいと思っていて、父母が話し合っている」という最低限

の情報は客観的に伝えておく必要があります。中には、別居親が会いたいと言っていることすら知らされていない子どもや、同居親のバイアスがかかった情報しか知らない子どもがいます。しかし、間違った知識をもとになされた発言は説得力がなく、かえって相手に批判の材料を与えることになるので注意が必要です。

　(イ)　話を聞く人の立場（役割）

　子どもは、自分から話を聞こうとしている人の立場（役割）、つまり「誰の味方か」ということをとても気にします。そして、その人の役割によって、話す内容を無意識に取捨選択します。そのため、家裁調査官の場合は、両親のどちらの味方でもないことを説明します。代理人の場合は、同居親（別居親）の味方ですので、家裁調査官の場合と同じ説明はできません。しかし、父母の話し合いを手伝っている人だという説明であれば、子どもに変な先入観を与える危険は低いでしょう。

　(ウ)　なぜ話を聞くのか（理由）

　子どもは、大人にとっては当たり前なことに疑問を抱いたりします。また、その疑問を口に出して解消できない子どももいますので、「こんなことはわかっているだろう」と思われることでも、丁寧に説明する姿勢が求められます。

　そのため、どうして子どもの意見が聞きたいのか、ということについても説明が必要です。家裁調査官の調査面接では、父母双方が子どもの気持ちを聞きたいと思っていること、子どもの気持ちを反映した問題解決を図ろうと考えていること等を説明しています。

　(エ)　聞いた話はどのように使われるのか（用途）

　子どもは、自分の発言が両親にどのような影響を与えるのか、とても気にしています。子どもから聞いた話は親に伝わること、親は子どもの意見を参考にはするけれど、最終的な決定責任は親にあることなどの説明が必要です。

　(2)　実際の説明例

　家裁調査官の調査面接の場合、これらを適宜組み合わせ、以下のような説

明をします。

㈦ 「両親の紛争の状況」の説明

> 今、お父さんとお母さんは、○○くんとお父さんが会うことについて、家庭裁判所というところで話し合いをしています。

㈦ 「話を聞く人の立場」の説明

> 私は、そこで話し合いのお手伝いをしています。どちらの味方ということではなく、真ん中に立っているイメージです。今日は、お父さんと会うことについての○○くんの気持ちを聞かせてもらいたくて来ました。お父さんやお母さんも私が○○くんから話を聞くことに賛成してくれています。

㈦ 「なぜ話を聞くのか」の説明

> なぜ○○くんから話を聞くかというと、お父さんやお母さんが○○くんの気持ちを聞いたうえで話し合いを進めたいと考えているからです。

㈦ 「聞いた話はどのように使われるのか」の説明

> 今日話してくれたことは、私が報告書に書いて、お父さんやお母さんにみてもらいます。お父さんやお母さんは、○○くんの話してくれたことを参考にしますが、最後に決めるのはお父さんとお母さんの責任です。○○くんが話した内容ですべてが決まってしまうわけではないので、安心してください。

Ⅲ 暫定的・試行的面会交流の実施

> **代理人お役立ちポイント！**
>
> 　面会交流が正式に決まるまで、面会交流を実施できないと思ってはいませんか。紛争性の高い面会交流こそ、暫定的・試行的面会交流を行っておくことが、早期の解決、円満な解決につながります。次は、暫定的・試行的面会交流のメリットや注意点についてお伝えします。

1 暫定的・試行的面会交流を行うメリット

- 禁止・制限事由がある場合は別ですが、そうでない場合、調停前にぜひ暫定的・試行的面会交流を実施しておいてほしいと思います。
- 暫定的・試行的面会交流は、同居親にとっても別居親にとっても、メリットがたくさんあります。ぜひ、当事者に働きかけてください。

(1) 子どもの負担を軽減

　別居親と会っていない期間が長引くほど、次に会う際の子どもの心理的な負担は増していきます。久しぶりに別居親に会うという気まずさに加え、父母の紛争に巻き込まれる度合いも時間の経過とともに増していきます。しかし、最終的な合意に至っていなかったとしても、暫定的・試行的面会交流が断続的に実施できていれば、そういった子どもの負担は随分と軽減されます。

　調停条項を作成する際も、子どもに負担をかけないため、段階的な面会交流の内容で合意することがあります。たとえば、1回目は2時間、2回目は半日、3回目以降は全日、といった具合です。しかし、暫定的・試行的面会交流を実施しておけば、このような煩雑な条項を作成せずに済みます。

(2) 問題点の洗い出し

暫定的・試行的面会交流を実施しておけば、面会交流のどのようなところで問題が起こりやすいのか、どのように決めておけばスムーズに実施できるのかといったシミュレーションができるというメリットがあります。机上の空論で調停条項をつくっても、いざやってみると不便だったり、問題があったりするものです。同居親は、往々にして、調停成立前の面会交流の実施を拒否しがちです。しかし、同居親にもメリットがあることを説明し、納得を得ておきたいものです。

(3) 代理人の仲介

合意前であれば、何らかの形で代理人が手助けをすることができます。休日に事務所を開放して面会交流に協力してくれる代理人もいますが、そこまでしなかったとしても、日程調整を仲介するだけでも、紛争中の夫婦にとっては、大きな手助けになります。

2 注意点

> ・大変有効な暫定的・試行的面会交流ですが、諸刃の剣の側面もあります。有効活用のための注意点をお伝えします。

(1) 禁止・制限事由がないことが大前提

そもそも、面会交流を禁止もしくは制限しなければいけない事由が存在しないことが暫定的・試行的面会交流実施の大前提です。そして、禁止・制限事由の有無の判断に際しては、依頼者の主張を鵜呑みにするのではなく、「審判になったら、禁止・制限事由として認められるかどうか」という基準で客観的に判断することが必要です。

たとえば、「妻は、嫌がる子どもたちを朝6時に起こして勉強させていた。これは教育虐待にあたるから禁止事由だ」と主張する夫がいたとします。確

かに、教育虐待は、程度がひどくなると、子どもへの負担も大きく、立派な虐待となり得ます。その一方で、「教育熱心な親」との線引きが難しい側面もあります。そのため、何歳の子どもに何時間勉強させていたのか、といった具体的な態様により、客観的に判断していくことが必要です。

(2) 依頼者への説明の重要性

実施のメリットが多い暫定的・試行的面会交流ですが、依頼者への説明を間違ってしまうと、逆効果になってしまうことがあります。実施の目的をしっかり理解してもらえるような説明が必要です。

(ア) 同居親への説明

同居親の中には、暫定的・試行的面会交流を「別居親のあら探しの機会」ととらえ、何か問題があると、それを面会交流拒否の理由にしようとする人がいます。しかし、あくまで、「問題を洗い出し、改善していく機会」だということを同居親に説明し、理解してもらうことが必要です。また、そもそも、なるべく面会交流の時期を遅らせたり、正式に決まるまでは会わせないという姿勢の同居親もいます。そのような同居親に対しては、子どもの負担軽減等、上述のメリットについて説明しておくことが求められます。

(イ) 別居親への説明

別居親の中には、暫定的・試行的面会交流にすべてを求めてしまう人がいます。最初からあれもこれもと求めてしまっては、面会交流に応じている同居親の協力を得にくくなります。最終到達点ではないということ、求めすぎては次につながらないこと等を説明し、理解してもらうことが必要です。また、問題点の洗い出しであるということは、面会交流がうまくいくよう、細心の注意が必要だということも認識していなければいけません。

現場から ❖ オンライン親教育プログラム

　この本の全体を通じて「初期段階の情報提供が大切」だとお伝えしてきました。そして、その提供する情報の一つとしてお子さんの福祉を挙げました。しかし、「子の福祉」と一言に言っても、複雑多岐にわたり、本書に記載した子の福祉についての内容は、ごく一般的なものの一部を書いたにすぎません。目の前にいる依頼者の子どもの年齢や性格、置かれた状況等を考慮し、その子どもに即した「子の福祉」の情報を提供することは簡単ではありません。

　特に、法律が専門の弁護士のみなさんにとって、心理学的要素の強い「子の福祉」に関する知識は、馴染みがないことと思いますが、そのようなみなさまに朗報です！

　この度、アメリカのフロリダ州立大学家族内暴力研究所が2016年に公開したオンライン親教育プログラム「Successful Co-Parenting After Divorce」を東京国際大学小田切紀子先生が著作権を得て日本に導入することになりました。このオンライン親教育プログラムは、三つの内容（1．離婚と共同養育、2．共同養育のためのスキルと方法、3．セルフケア、変化、安全）から構成されており、親の離婚を経験する子どもの気持ちをはじめ、「子の福祉」に関する情報が詰まっています。本来、離婚をする親が受けるべきプログラムですが、離婚にかかわる実務家にもとても参考になる内容となっています。これまで、参加型の教育プログラムしかありませんでしたが、オンラインであれば、いつでもどこでも、しかも24時間無料で情報を収集することができます。ぜひお試しください。

第4章

早期解決に導く交渉術

I 協議を前に進める主張
II 説得力のある主張をするための立場別聴取事項
III 具体的聴取例

I 協議を前に進める主張

> **代理人お役立ちポイント！**
>
> 養育費や婚姻費用であれば、「算定表」をもとに交渉することができます。しかし、面会交流は、交渉のもととなる「表」や「基準」がなく、相手との交渉に難しさを感じる代理人の方々もおられるようです。次は、面会交流の交渉を前に進めていく方法についてお伝えします。

1 協議を前に進めるために必要な条件

- 早期解決に向けての下準備ができたところで、次に必要となってくるのが、協議を前に進めることです。
- 「会わせない」と言われた時点で、次の一手に困ることはありませんか。具体的で理由がわかる主張が協議を前に進めていくポイントです。

(1) 具体性があるか

とにかくたくさん会いたい！

たくさんは会わせたくない！

　具体的でない主張は、論点が絞れず、協議が前に進みません。たとえば、「子どもに会わせてほしい」という主張ではなく、何回会わせてほしいのか、会って何をしたいのかなど、より具体的な主張が必要です。また、同居親が面会交流を拒否したい場合も、どうして拒否するのか、何が問題なのかを明確に伝えることが大切です。

最終的に合意する際、公正証書や調停条項にどこまで具体的に定めるのかはまったく別の問題ですが、交渉段階では、より具体的な面会交流の内容を主張していくことが必要です。

(2) 回数や時間にこだわっていないか

月に2回は会いたい！

月に1回しか会わせたくない！

家庭裁判所の調停でもよくみかけましたが、「月に1回が限界」、「いや、月に2回は会いたい」という回数闘争になってしまうことがあります。そうなってしまうと、回数や時間をよりたくさん確保したら別居親の勝ち、できるだけ少なければ同居親の勝ち、となってしまい、交渉が硬直化します。

面会交流事案は、本来的には、勝ち負けではなく、父母が同じ方向を向いて話し合いができるはずの案件です。というのも、養育費や財産分与といった金銭的な離婚条件は、一方が多くもらえば、もう一方は多く支払わなければならないという対立構造にあります。しかし、面会交流は、子の福祉の観点からとらえた場合、父母双方が「子どもが幸せになる面会交流」という同じゴールをめざすことができるはずだからです。そのため、回数や時間の長さの争いに陥り、対立構造になってしまうのは大変残念です。

(3) 理由づけがされているか

毎週末会いたい！

半年に1回しか会わせない！

特に、一般的だと思われる面会交流の方法から外れる場合、その理由を説明することが大切です。頻繁な面会交流を希望する場合や、頻度や時間を極

端に抑えてほしい場合は、その理由を説明する必要があります。理由づけがあれば、相手の納得が得られやすいですし、納得が得られなかったとしても、それに対する相手の具体的な反論を引き出すことができ、議論を前に進めることができます。

Ⅱ 説得力のある主張をするための立場別聴取事項

> **代理人お役立ちポイント！**
>
> 以上のように、回数や時間にこだわるのではなく、具体的で理由づけのある主張をするためには、依頼者からどのようなことを聞いておけばよいのでしょうか。次は、同居親と別居親のそれぞれの代理人になった場合に聴取しておくべき事項についてお伝えします。

1 別居親の代理人になった場合の聴取項目

- 別居親は、ついつい熱い思いが先行し、「会いたい」という気持ちだけを語る人がいます。また、子どもと会えないつらさや、会わせてくれない同居親への批判に終始する場合もあります。
- 依頼者の気持ちを受け止め、それを相手に伝えることも大切ですが、それだけでは交渉は前に進みません。依頼者の気持ちを受け止めた後は、次の項目について聴取しておきましょう。

(1) 同居当時の親子関係

ご承知のとおり、別居親の希望するままに面会交流の方法や頻度を主張していくことが、代理人の仕事ではありません。客観的・理性的な判断で、別居親と子どもが将来にわたって良好な親子関係を築けるような面会交流を勝ち取ることが代理人の仕事です。そのため、別居親が主張している面会交流の方法や頻度が妥当かどうかの判断が必要になってきます。そして、その判断に役に立つのが、同居当時の親子関係です。この際、注意が必要なのは、「できるだけ具体的に、数字で聞く」ということです。

たとえば、「よく子育ても手伝っていましたし、子どもも懐いていました」と言う別居親に対しては、具体的にどのようなことをどの程度の頻度で行っていたのか、子どもが懐いているのはどの事実からそう判断したのかを聞いてください。

(2) 将来の親子像

　意外と忘れがちですが、「求める将来の親子像」に対する質問も大切です。別居親には、将来、子どもとどのような関係を築いていきたいのかについて質問してください。次に聞いていくことになる面会交流の具体的内容を導く質問ともなります。また、過大な主張や理不尽な要求をしている別居親に自らを振り返ってもらうきっかけにもなったりします。

　たとえば、同居親に対する腹いせや嫌がらせで、過度に頻繁な面会交流を求めている別居親がいたとします。きっとその別居親は、どのような親子関係を築いていきたいからそのような頻繁な面会交流を求めているのか、答えることができないと思います。

(3) 求める面会交流の具体的内容

　ここが主張の肝ともいえる部分です。できるだけ具体的な面会交流の内容を別居親から引き出すことが大切です。「月に1回は会いたいです」という別居親に対して、「会ってどのようなことをしたいですか」、「どこに行きたいですか」、「どのようなことを話したいですか」とより具体的に聞いていくことが必要です。別居親がイメージしきれない場合は、代理人のほうから提案することも必要になってきます。具体的な面会交流案については第5章で触れますので、参考にしてください。

(4) 同居親の反応予測

　同居親を一番よく知っているのは別居親です。別居親が望む面会交流を主張したとすると、同居親はどのような反応をしそうか、別居親に聞いておくとよいと思います。今後の協議の方向性を予測することができます。また、「まあ、こんな無理を言ってもあいつ（同居親）は反発するだろうな」といった別居親自身の気づきにつながることもあります。

(5) 実現可能性の検討

別居親の中には、現実的な検討をせず、自分自身の望みばかりを主張する人がいます。しかし、実現可能性のない主張を続けていては、早期解決は望めません。同居親や子どもとの関係も悪化するばかりで、結果的に依頼者のためになりません。そのため、子どもの年齢、性格、日常のスケジュール、同居当時の親子関係、同居親の心情など、さまざまな事情や状況を考え合わせ、実現が可能かどうかの検討を別居親自身に促しましょう。

2　同居親の代理人になった場合の聴取項目

・同居親の代理人であったとしても、詳細な聞き取りが必要なことに変わりはありません。特に、子どもに会えるかどうかがポイントです。
・別居親からの主張に反論するために、次のようなことを聴取しておきましょう。

(1) 同居当時の親子関係

別居親への聴取と同様、同居当時の別居親と子どもとの親子関係について詳細に聞いておくことが必要です。同居親としては、別居親と子どもの関係をどうみていたのか、なるべく具体的に話してもらいましょう。

ポイントは、ついつい辛口な採点をしがちな同居親から、正確な情報を聞き出すことです。同居親としては、別居親と子どもの関係が良好であったことや、別居親が育児をよく手伝ってくれていたことを認めたくないものです。そのため、「あんまり」とか「たいして」といったあいまいな言葉を使って否定的なニュアンスを伝えようとします。しかし、それをそのまま主張書面にしてしまったのでは、別居親の反感を買ったり、反論されるだけで、何もよいことはありません。できるだけ、具体的な回数を聞くことが大切です。

(2) 別居後の子の心情の変化

別居親と別居した後の子どもの心情の変化を聴取することも重要です。というのも、別居親はその変化を知らず、いつまでも同居当時の親子関係しかイメージできないことがあるからです。

たとえば、同居当時は仲のよい親子だったとします。しかし、別居後、同居親からいろいろなことを聞かされ、別居親のことが嫌いになっているかもしれません。また、何も聞かされていなくても、苦労している同居親の姿をみたり、同居親の大変さを感じ取ったりして、別居親に対し拒否的になっていることもあります。はたまた、別居時に父母が激しく言い争い、子どもは怖い思いをしたのかもしれません。

別居後の子どもの変化は、同居親しか知らない場合も多くあります。別居親の理解を得るためにも、別居後の子の心情の変化は聴取しておく必要があります。

(3) 別居親の主張を拒否する具体的理由

ここが聴取の肝となる部分です。別居親が希望する面会交流をなぜ受け入れられないのか、具体的に聞いていく必要があります。たとえば、週1回の面会交流を求めてくる別居親に対して、何となく感覚的に「そんなに多くは応じられない」と拒否する同居親がいます。しかし、子どもの年齢や生活スケジュール等によっては、週1回でも少ないかもしれませんし、2か月に1回でも多いかもしれません。回数のみで判断するのではなく、子どもを念頭におきながら、具体的に検討していくことが大切です。

たとえば、先ほどのように「そんなに多くは応じられない」という同居親が子どもの繁忙を理由にしているのであれば、子どものスケジュールを表にできるくらいまで詳細に聞き、その子どもにとってほんとうに週1回が多いのか、少ないのかを考えていく必要があります。

(4) 条件（ルール）や代替案

協議を進めていくうえで、同居親のほうから積極的に守ってもらいたいルールや代替案を提示することも大切です。往々にして、面会交流をさせる

ほうの同居親としては、できるだけ先延ばしにしたい心理が働きます。しかし、先ほど述べたように、協議が長引くことは、子どもに負担を強いることになります。また、交渉段階で決裂し、調停を申し立てられたり、その調停が長引いたりすれば、同居親も心身が疲弊することは間違いありません。そのため、同居親としても、別居親から出される案を否定するだけではなく、「こんなルールをつくりたい」、「こんな会い方だったら受け入れられる」という代替案を早い段階から出すのが望ましいでしょう。

(5) 子どもの言い分

ある程度（5歳前後）の年齢以上の子どもであれば、直接子どもから話を聞くことも大切です。同居親から語られる子どもの心情や子どもの状況は、どうしても同居親のバイアスがかかってしまい、子どもの生の声とは説得力が違ってきます。

家裁調査官時代、依頼者である同居親の言うことを代弁しているだけの代理人が多いことを残念に思っていました。その一方で、子どもに直接会うなどし、依頼者としっかり協議をしたうえで調停に臨んでいる代理人もいました。両者の主張のうち、どちらが説得力があるかは明らかです。ぜひ、子どもに会い、生の声を聞いてみてください。ただ、子どもと面接をするには注意も必要です。子どもとの面接の必要性と注意点については、第3章でお伝えしたとおりです。

(6) 別居親の反応予測

別居親同様、同居親にも、自身の主張に別居親がどのような反応をするか予測してもらいます。別居親のことを一番よく知るのは同居親です。相手の反応を予測することで、協議の進行を予測することができます。

また、同居親に自分自身の主張の妥当性を考えてもらうきっかけにもなります。たとえば、同居当時の親子関係はよかったけれど、父母間の葛藤の高さを理由に「できれば会わせたくない」と主張している同居親がいるとします。そのような場合は、「あなたが会わせたくないと言えば、お相手は何て言いますかね」と聞いてみてください。きっと、「子どもとの仲はよかった

から、納得しないんじゃないですかね」と冷静に振り返ることができると思います。そこで、もう一度、同居親としてどのような主張をしていくのか考えてもらうのです。このようなやり取りを通して、無理難題ではなく、協議を前に進められるような現実的な主張に落ち着いてきます。

　また、代理人自身の意見として、「あなたの主張は相手には受け入れられないのでは」と説得するのではなく、同居親自身の気づきを引き出すところもポイントです。依頼者の理性的な判断を引き出すことが、案件が長期化した挙句に依頼者も子どもも心身ともに疲れ果てた状態で面会交流に応じるという事態を避けることができます。

III　具体的聴取例

代理人お役立ちポイント！

　以上、交渉を前に進めるための主張やそのような主張をするための聴取事項についてお伝えしてきました。今度は、具体的な聴取事項や主張例について、依頼者とのやりとり例とともにご紹介します。使う事例は、4歳の息子にたくさん会いたいお父さんの事例です。

父：35歳　　母：34歳　長男：4歳

1　別居親の代理人の場合

(1)　主張構造

```
同居当時の親子関係
     ＋
将来の親子像
     ＋
具体的な面会交流案       ⇒   交渉力のある主張
     ＋
同居親の反応予測
     ＋
実現可能性の検討
```

(2) 聴取内容

以下では、依頼者を㋗、代理人を㋕で表します。

㋐ 同居当時の親子関係

㋗：週末は子どもとよく遊んでいましたよ。子どもも喜んでいました。

㋕：1か月のうち、休日が8日間あるとすると、何日間程度、遊びに連れていっていましたか。また、どこに遊びにいくことが多かったですか。　**ポイント1**

㋗：土日のうちどちらかは連れ出していたので、4日間ですかね。ほとんどは近所の公園で遊んだり、ちょっとした買い物にでかけていました。
　仕事が早く終わった日は寝かしつけもしていたし、結構子どもの世話を手伝いました。

㋕：1週間のうち、平均すると何日間寝かしつけをしていましたか。また、お風呂に入れたり、いっしょに夕食は食べていましたか。　**ポイント1**

㋗：平日に寝かしつけができるのは、週に1回ぐらいですかね。でも、土日は必ず私がしていたので、合計すると週に3回は寝かしつけていたと思います。お風呂や食事も同じ感じです。

㋑ 将来の親子像

㋕：これから、お子さんとどんな関係を築いていきたいですか。

㋗：関係ですか？　うーん、そうあらためて聞かれると難しいな。

㋕：お子さんもまだ小さいですし、これから成人するまで、長い年月がありますよね。あまり先すぎる未来は想像できないと思いますが、2、3年先ならどうですか。お子さんが小学1年生頃ですね。　**ポイント2**

㋗：小学1年生の息子ですか。まだまだかわいい盛りだろうなぁ。毎日いっしょにいるのは無理だとしても、息子にとって身近な存在の父親でいたいですね。

㋒ 具体的な面会交流案

㋕：では、面会交流ではどんなことをしたいですか。

㋗：特別ではなく、普通の親子みたいなことができればいいです。

Ⅲ　具体的聴取例

㈹：もう少し具体的にイメージできますか。 ポイント3
㈲：いっしょにスーパーに買い物に行って、夕飯作って食べて、いっしょにお風呂に入って寝る。翌朝は朝食をいっしょに食べて近所の公園で遊ぶ、みたいな感じですかね。
㈹：ということは、自宅で宿泊付きの面会交流というイメージですね。
㈲：そうですね。
㈹：会う頻度の希望はどうですか。
㈲：できるだけたくさん会いたいですね。
㈹：具体的に言うと月に何回くらいでしょう。 ポイント4
㈲：毎週末会いたいですね。

　　　㈍　同居親の反応予測と実現可能性の検討を依頼者に促す

㈹：毎週末、宿泊付きの面会交流を求めた場合、お相手の反応はどうでしょうか。
㈲：きっと多すぎると言うでしょうね。相手も働いているので、週末ぐらいしか子どもとゆっくりできないでしょうし。
㈹：お子さんの予定的にはどうでしょうか。
㈲：まだ幼稚園生なので、決まった予定はないはずです。ただ、友だちと遊びたいと言って母親同伴で集まることはちょくちょくありました。
㈹：では隔週でどうですか。その方がお相手も受け入れやすいかもしれません。また、毎回週末というのではなく、平日の宿泊なしの面会交流を合わせるプランもいいかもしれませんね。 ポイント5

　(3)　ポイントの検討

ポイント1　とにかく具体的に、数字を交えて聞いていきます。ただ、「週に何回？」と言われても、「その週によって違うし……」ということもあります。そのようなときは、「平均すると」とか、「一番多いパターンは」といった聞き方もできます。代理人自身が、依頼者と子どもの日常の風景がイメージできるようになれば、具体的に聞けているといってよいと思います。

ポイント2 将来の親子像を聞かれても、すぐに答えられる別居親は少ないと思います。特に、子どもが小さい場合、将来といわれても、先が長すぎてイメージが湧かないものです。そのようなときは、2、3年先をイメージしてもらえれば十分です。というのも、大抵の場合、約束どおりの面会交流が行われるのは、2、3年が限度だからです。そのうち、子どもの生活も変化し、また、別居親や同居親の紛争も収まってきます。おのずと、その親子にとって自然な形に収れんしていきます。

ポイント3 面会交流の内容についても、なるべく具体的にイメージしてもらいます。ただ、この事例の別居親は、日頃から育児に参加していたため、すぐに具体的な回答が出てきましたが、そうでない別居親もいます。監護実績のあまりない別居親がイメージしきれない場合は、代理人のほうから「こういうのはどうですか」と提案してあげてください。具体的な面会交流案については、第5章で紹介しています。

ポイント4 面会交流の頻度についても、具体的に聞いていきます。「できるだけたくさん」とか「大体の相場で」という主張は、相手に気持ちが伝わりません。

ポイント5 代理人からみて、別居親の主張がいい結果を生まないと判断される場合は、客観的な観点から修正を提案していくことも大切です。

(4) 実際の主張

> 同居当時、○○(依頼者)さんは、週末になると、土日のどちらかはお子さんを連れて公園やショッピングセンターに行っていたと聞いています。また、週末を中心に、寝かしつけなどの育児もされていたとのことでした。
>
> ○○さんとしては、両親が離婚する以上、これまでどおりの親子関係を継続することが難しいということは理解されています。しかし、いっしょにご飯を作って食べたり、お風呂に入って寝たりといった日常的な触れ合いを継続したいというお気持ちが強いようです。

そのため、週末に宿泊付きの面会交流を求めたいと思っています。本来ならば、毎週末会いたいとのお気持ちだったのですが、お子さんやお母さまの負担も考え、隔週で会わせていただければと考えております。また、週末が忙しいという事情があれば、何回かに1回は、平日に夕食をいっしょに食べるような面会交流でも構いません。

2 同居親の代理人の場合

(1) 主張構造

同居当時の親子関係
　　＋
別居後の子の心情の変化
　　＋
別居親の主張を拒否する具体的理由　　　➡　　　交渉力のある主張
　　＋
条件（ルール）や代替案
　　＋
子どもの言い分
　　＋
相手の反応予測

(2) 聴取内容

(ア) 同居当時の親子関係

代：同居当時、お子さんとお父さんの関係はどのようでしたか。

依：あの人、仕事も忙しいし、そんなに子どもに接する時間はなかったんですよ。

代：具体的に、お父さんが担っていた育児は何ですか。 ポイント1

依：寝かしつけやお風呂、公園で遊ばせるとかですかね。

㈹：どのくらいの頻度ですか。平日と休日に分けて教えてくれますか。 ポイント1

㈸：仕事が忙しい人だったので、平日はほとんど私です。休日も、昼まで寝ていることもあったので、それほどはないですね。

㈹：週に一度くらいは平日に手伝ってくれましたか。それとも、もっと少なかったですか。 ポイント1

㈸：そうですね。平均すると週に1回くらいだと思います。

㈹：休日はどうでしょうか。月に8回休日があるとして、そのうち何日くらい遊んでくれていましたか。

㈸：そうですね。大体、土曜は昼頃まで寝ていて、遊んでくれるとしたら日曜でしたね。なので月4回くらいですかね。ま、遊んでくれるっていっても、近所の公園で小一時間遊ぶくらいですけど。

㈹：お父さんにお風呂に入れてもらったり、遊んでもらっているときのお子さんの様子はどんなふうでしたか。

㈸：別に嫌がったりはしてなかったですし、遊んでもらうこと自体は好きだったので、楽しそうにしてました。 ポイント2

　　(イ)　別居後の子の心情の変化

㈹：同居当時のお話を聞くと、お子さんとお父さんの関係はそれほど悪くないようにも思えるのですが、現在はどうでしょうか。

㈸：確かに、父子関係は悪くなかったです。でも、別居時、子どもの前で激しい夫婦げんかをしてしまったので、今は父親のことが少し怖いようです。

㈹：具体的にはどんなふうに怖がっているのですか。 ポイント3

㈸：「パパ、怖い顔をして怒ってた」って言っています。

　　(ウ)　別居親の主張を拒否する具体的理由

㈹：あちらは「隔週宿泊付きの面会交流がしたい」と言っていますが、いかがですか。

㈸：そんなにたくさん会いたいなんて冗談じゃないですよ。

㈹：たくさんは会わせられないとお思いになる理由を教えてくれますか。

㈶：○○（長男の名前）は幼稚園に通っていて、平日は生活を乱したくないので会わせたくないです。休日も、友だちと遊んだり、習い事があったりして忙しいので。それに、父親を少し怖がっていますので、泊りがけは嫌がるかもしれません。

㈹：お子さんの一日のスケジュールを月曜から日曜まで教えてくれますか。

ポイント4

　　　㈓　条件や代替案

㈹：では、○○さん（同居親）としては、どのくらいの頻度が妥当だと思いますか。

㈶：本当なら会わせたくないくらいの気持ちですが、どうしてもというなら、2か月に1回、数時間くらいは会わせてもいいです。

　　　㈔　子どもの言い分

㈹：お子さんは、お父さんと会うことについて何て言うでしょうか。

㈶：別居時の怖い印象があるので、最初は嫌がるかもしれません。でも、もともと父子関係はよかったので、泊りがけでなければ、すぐ楽しく遊べるようになるとは思います。

　　　㈕　別居親の反応予測

㈹：あなたが2か月に1回、数時間と言った場合、あちらは何と言ってくるでしょうか。

㈶：あの人は、たくさん会いたいと思っているし、父子関係は良好だと思っているはずなので、おそらく2か月に1回じゃ少ないと言ってくるんじゃないですかね。しかも、宿泊にこだわってるようですし。

㈹：確かに、相手の要求は隔週に1回、宿泊付きの面会交流ですから、2か月に1回、数時間としてしまうと、少し開きが大きいですね。お子さんのことを考えると、いきなりの宿泊は少し負担がありそうにも思います。ただ、先ほどお聞きしたスケジュールですと、平日はまだ予定のあいている曜日もたくさんありますし、まずは短い時間の交流から始めていっても

いいですね。 ポイント5

(3) ポイントの検討

ポイント1　同居親は、往々にして別居親の監護実績を低く見積もりがちです。しかし、それでは相手に通用する主張になりませんので、どのような監護をどのくらいの頻度で担っていたのか聞いていきます。場合によって、代理人のほうから「1週間に○回くらいですか」といった聞き方も必要になってきます。

ポイント2　面会交流の主役はなんといっても子どもです。同居親が父子関係をどうみていたかを聞くと同時に、子どもはどんなふうに感じていたかについても聴取が必要です。子どもの年齢がもう少し高ければ、第3章でお伝えしたとおり、お子さんに会って直接聞いておくのが一番です。

ポイント3　同居親は、「子どもは嫌がっている」とか、「子どもが怖がっている」という言い方をよくします。しかし、肝心なのは、同居親は子どものどのような言動からそう思ったのかということです。別居親に、「子どもが怖がっている」と伝えるのと、「子どもは、リビングに飾ってある家族写真の中の父親を指さし、『あのとき、パパ怖かったね』と言うときがある」と伝えるのと、どちらが響くでしょうか。

ポイント4　子どもの多忙を理由にする際は、具体的にスケジュールを聞くことが必要です。表にして別居親に示せるのがベストです。

ポイント5　別居親と同様、同居親の主張を妥当な線まで修正するのも代理人の大切な仕事です。別居親のこだわりポイントを見抜き、同居親の譲れない部分とすり合わせながら、落としどころを探すことが必要です。

(4) 実際の主張

　同居当時、お子さんは○○さん（別居親）と遊ぶことを喜ぶなど、父子関係は良好であったと聞いています。しかし、別居時、あなたが激しく○○さん（同居親）を罵る姿を見てしまったため、現在、お子さんはあなたを少し怖がっているそうです。○○さん（同居親）によりますと、

そのけんかを思いだし、「パパ、怖い顔をして怒ってた」と言っているそうです。そのため、宿泊についてですが、今のお子さんには少し負担が大きいように思います。

　また、お子さんは、週末にお友だちと遊んだり、イベントなどに出かけることもあり、すべての面会交流を週末に行うのは難しい状況です。ちなみに、先月は、８日間ある週末のうち、３日間はお友だちと遊び、キャラクターのイベントに一度、おばあ様の家に一度、遊びにいかれたそうです。日常の生活スケジュールについては、別紙の表をご覧ください（別紙・略）。

　そのため、週末に半日、平日の夜に２、３時間の面会交流をそれぞれ月に１回、合計月に２回の面会交流であれば、応じられると考えています。宿泊については、数時間の面会交流をしていく中で、再協議させていただければと思います。

現場から ❖ 意外とハードルが高い「寝る」という行為

　比較的年齢が低い子どもに対し、宿泊付きの面会交流を希望する場合、これまで、子どもが同居親なしで寝たことがあるかどうか、が大きなポイントとなります。というのも、「寝る」という行為は、親が思う以上に子どもにとっては特別な行為で、日中は同居親なしで楽しく遊べても、宿泊はしたくないという子どももいるからです。

　たとえば、同じ寝具でないと眠れないとか、眠る前の手順（歯磨きをして、パジャマに着替えて、本を読んでもらって、「トントン」してもらって寝る、など）が同じでないとだめだとか、寝るときは同居親がいないとだめ、という子どもがいたりします。

　宿泊を強要すると、夜泣きやおねしょにつながったりし、子ども自身も不安になってしまいます。そうなれば、子どもの福祉に資するどころか、子どもの自信を喪失させ、面会交流が失敗体験としてインプットされてしまいます。

　一方で、別居親にとっても、「宿泊」は特別な意味をもつことがあります。幼い子どもといっしょに布団の中に入り、隣で本を読んでやったり、子どもが寝入る様子を見守ったり、小さくかわいい寝息をすぐそばで感じたりと、経験したことのある人にしかわからない充実した子どもとの触れ合いの時間になるからです。寝かしつけが毎日の仕事だと、面倒だったり、親のほうが先に寝てしまったりしますが、失って初めて大切なものだったと気づくのかもしれません。

　そのため、幼少児との宿泊付き面会交流は、失敗することのないよう、まずはお昼寝から始めるなど、段階的な実施がおすすめです。

第5章

子の福祉に即した面会交流を提案するための引き出し

- I 特徴別具体的面会交流の引き出し
- II 子どもの年齢別引き出し
- III 間接的面会交流の引き出し
- IV そのほかのちょっとした引き出し

I 特徴別具体的面会交流の引き出し

代理人お役立ちポイント！

　面会交流といえば、回数や時間に注目しがちですが、本当に大切なのは、交流の中身です。そして、面会交流の目的や方法は、面会交流をする親子の数だけあります。ぜひ、いろいろな面会交流の方法やその特徴を熟知していただき、依頼者親子にぴったりな面会交流を提案してあげてください。

1　日常生活に組み込まれた面会交流

・日本で面会交流といえば、「遊び」もしくは「食事（外食）」です。
・しかし、諸外国では、面会交流が生活の一部としてとらえられ、ごく自然な親子関係が築かれています。
・年齢が上がるほど、「遊び型」の面会交流は成立しなくなります。

(1)　別居親宅で過ごす

　同居親にしてみれば、子どもを別居親宅で過ごさせるのは、相手のテリトリーに連れていかれるようで抵抗があるかもしれません。しかし、子どもにとっては、たくさんのメリットがあります。

(ア)　別居親の生活を垣間みれる

　子どもは、別居親の現在の生活にとても興味があります。家裁調査官時代に何度となく試行的面会交流に立ち合いましたが、子どもから「お父さんの今の家は、おもちゃとかあるの？」とか、「ママのおうちは何階？」などと質問する姿をよく見かけました。また、別居親がスマホに保存されている家の様子を見せてやると、興味深げにのぞき込んでいる子どももいました。

加えて、「別居親は自分のせいで一人で寂しい思いをしているのではないか」と心配している子どもにとっては、別居親の生活の場を見られることで、安心につながったりもします。

　(イ)　懐かしさを味わえる

　同居親と子どもが転居し、別居親が同居当時の家に住んでいる場合、特に、別居親宅での面会交流が有効です。というのも、子どもにとって、別居親の家は「懐かしい我が家」でもあるからです。父母のけんかを目の当たりにしたつらい空間だったかもしれませんが、楽しい思い出だってあるはずです。まだ自分の部屋やおもちゃも残されているかもしれません。また、近所には、友だちもいますし、いつも遊んだ公園もあるでしょう。親の離婚とともに、急激な生活の変化を強いられた子どもにとって、懐かしい場所で過ごすひと時は、かけがえのない時間になります。

　(ウ)　子どもの負担が少ない

　「お出かけ型」の面会交流は、特別感があって楽しくもありますが、体力のない低年齢児は疲れてしまったりもします。別居親宅での面会交流であれば、その日の子どもの体調や天候に応じて、臨機応変に活動時間や内容を変えることができます。疲れていそうであれば、早々に昼寝をさせたり、雨が降っていたら外出の予定を室内遊びに変更することもできます。使い勝手のよいトイレもありますし、オムツもいつでも替えられます。

　(エ)　費用がかからない

　面会交流の回数が多い場合、面会交流にかかる費用も相当な額になります。でも、別居親宅での面会交流であれば、「無料」です。余裕が出た懐で、おいしい食材を買っていっしょに料理ができるかもしれませんし、DVDを借りにいって、夕食後にいっしょに見ることもできます。また、絵本などのちょっとしたプレゼントを買うお金も捻出できることと思います。

　(オ)　普通の親子体験ができる

　どこかに遊びにいったり、外食をするのは、厳密にいうと「日常生活」ではありません。いっしょにご飯を作って食べたり、お風呂に入ったり、寝か

しつけに本を読んでもらったり、寝ぼけた顔でいっしょに朝食を食べたりと、普通の親子が普通にしていることを体験できるというメリットがあります。

(2) 平日の夕飯

面会交流として「食事」をイメージする方も多いと思います。どちらかというと、休日の食事をイメージしがちですが、同じ食事でも、平日の夕食のほうがハードルが低いことがあります。

(ア) 忙しい子ども向け

終了時間を考えると、「夕食を食べる」という面会交流の多くは、18時から20時あたりに設定されます。しかし、どこかに出かけていると、18時までに帰ってくることが難しい場合もあります。そのため、夕食というピンポイントの面会交流であっても、休日の予定が制限されることがあり、意外とハードルが高かったりします。しかし、平日であれば、学校や幼稚園から帰ってきた後、友だちと遊んだり習い事に行った後、18時ころまでには帰宅していると思います。そのため、特に他の活動を制限されることなく、「夕食をいっしょに食べる」という面会交流を実施できます。

(イ) 候補日の選択肢が広がる

単純な話ですが、1か月に休日は8日間程度で、残りは全部平日です。たとえば、面会交流が月に2回と決められている場合、8日間の中から2日を選択するより、20日間あまりの中から2日を選択するほうが日程調整がずいぶん楽になると思われます。

(ウ) 同居親も少し楽ができる

同居親が働いていて、子どもが保育園に預けられているような場合、別居親が保育園に迎えにいって、夕食を食べさせたうえで家に送ってきてくれれば、その日の同居親の負担も軽減できます。たまっていた仕事を片づけることもできますし、同僚と食事に行ったり、自宅で一人の時間を満喫することもできます。

(3) 習い事の送迎

最近の子どもは習い事をたくさんしています。この習い事を面会交流に絡

めるだけで、候補日がぐっと増えることがあります。習い事の送迎だけだと、「育児サポート」のような面会交流になってしまうので、その後、いっしょにお茶をするなど、何かちょっとした交流を合わせるのがおすすめです。

　(ア)　日程調整が楽

　日程調整がうまくいけば、面会交流の半分は成功といってよいかもしれません。やはり、離婚した夫婦が連絡をとり合うというのは、それだけハードルが高いということだと思います。しかし、習い事の送迎を面会交流の内容としておけば、おのずと面会交流の日時も決定され、毎回連絡をとり合う必要がなくなります。

　(イ)　キャンセルされにくい

　面会交流を実施していくうえで、もめごとの種となりやすいのが「キャンセル」の問題です。一度決めた面会交流の日時は、できるだけ変更しないほうがよいのはもちろんですが、一方で、子どもの負担とならないよう、体調不良などの子どもの事情は考慮されるべきでしょう。そのような微妙なバランスの上に成り立っているキャンセル問題ですが、同居親があまり面会交流に前向きでない場合、ちょっとした理由で安易にキャンセルされるという問題もあります。その点、習い事の送迎を面会交流の一部としておけば、簡単にはキャンセルされないというメリットがあります。

　(ウ)　子どもと共通の話題ができる

　同居当時から親子関係が良好で、会話量も多い親子であればよいですが、仕事が忙しく、なかなか遊んであげられなかった別居親もいることと思います。たとえば、小学校4年生の女の子とお父さんの面会交流を想定してみましょう。最近の子どもは成長が早いので、すでに、男親といっしょに行動したがらなかったり、会話がなかったりします。しかし、「習い事」という共通の話題があれば、「スイミングの進級テスト、合格してよかったね」とか「今日の試合、相手チーム強かったな」と会話の糸口をみつけることができます。

　(エ)　幼児の習い事は意外と触れ合いが多い

　習い事の送迎というと、単なる送り迎えのようなイメージかと思います。

しかし、最近の幼児の習い事は、親も参加するパターンのものが増えています。たとえば、音楽教室「ヤマハ」の幼児クラス（未就学児）は、親が子どもの隣に座り、いっしょに歌を歌ったり、手をつないで音楽に合わせて体を揺らしたり、とても豊かな時間を過ごすことができます。また、最近流行りのリトミック（音楽体操のようなもの）も、親がいっしょに作業をしたり、体を動かしたりします。子どもと遊ぶことに慣れていない親にとっては、親子単独で遊ぶより、楽しい時間となるかもしれません。

2　子どもの成長を実感できる面会交流

・面会交流の醍醐味の一つは、親が子どもの成長を感じることです。
・同時に、親に自分の成長を見てもらえることは、子どもの喜びや自信にもつながります。

(1)　行事参加、授業参観

運動会や音楽会、授業参観という学校行事に参加することで、子どもの学校での頑張りを実感することができます。また、習い事の発表会やスポーツの試合を見にいくという面会交流の方法もあります。

(ｱ)　子どもの休日・自由時間を占領しない

当たり前のことですが、別居親が見にきてもこなくても、行事は行われます。そのため、面会交流のために、わざわざ日程調整をしたり、子どもの予定を空けておく必要がありません。先ほど書きましたように、最近の子どもはとても忙しいので、子どもの時間を特別につくらなくてよいというのは、日程調整がとても楽になります。

(ｲ)　同居親の参加も可能

別居親が行事に参加すると、同居親が参加できなくなると思われがちですが、意外とそうでもありません。運動会や音楽会などの全校挙げての大きい

行事であれば、参加する生徒や親御さんの数も相当数に上ります。そのため、双方の親が少しずつ配慮すれば、「遠くから存在がわかる」程度の接触で抑えることができます。

また、最近の授業参観は、2、3日間にわたって、1時間目から4時間目のどの授業を見てもいいですよ、という学校公開の形をとる学校も増えています。そのため、同居親と別居親で別々の授業を見ることができます。

　(ウ)　子どもの成長を定期的に実感できる

運動会や音楽会という学校行事は、相当の時間が練習に割かれます。子ども自身も、友だちや担任の先生と一丸になって頑張ります。別居親にとって、その努力の結果発表である行事に参加できることは、親としての喜びにつながると思います。また、通常の場合、毎年同じ学校行事が繰り返されますので、前年からの子どもの成長を実感することもできます。

　(2)　勉強やスポーツを教える

行事の参加や授業参観といった面会交流は、子どもの成長を実感できる半面、子どもとの触れ合いという部分では、物足りなさがあります。しかし、勉強やスポーツを教えるという面会交流であれば、子どもとしっかり交流することができます。

　(ア)　指導的な親の役割を果たすことができる

これまでの経験上、特に別居親が父親である場合、指導的な親の立場で子どもと接したいという気持ちがあるように思います。しかし、いつもいっしょにいるわけではない別居親が、面会交流時に「勉強頑張ってるか」とか、「この前のテストはどうだった？　もっとがんばらないといけないぞ」などと言ったところで、子どもの心には響きません。「ときどき会うだけで、親づらしないでほしい」と思われるのが関の山です。しかし、定期的にいっしょに勉強したり、いっしょにスポーツに付き合っていれば、親の指導に対する子どもの受け止め方も変わってきます。

ただ、やりすぎは禁物です。子どもが面会交流を嫌いになってしまったり、楽しいと思えなくなってしまいます。そのため、別居親の家に来た際にいっ

しょに宿題をし、その後はいっしょに遊ぶなど、勉強と遊びを組み合わせるようにしましょう。

　　(イ)　子どもといっしょに体を動かす

　みなさんも、休日の公園やグランドで、お父さんが子どもの野球やサッカーの練習に付き合ってあげている風景を見かけたことがあると思います。子どもといっしょに汗を流し、体を動かすという経験は、言葉では伝わらない一体感が得られます。

　ただ、勉強と同じで、やりすぎては逆効果です。子どもが面会交流を嫌になってしまったり、そのスポーツすら嫌いになってしまうかもしれません。ほどほどに体を動かし、その後は近所のスーパーでアイスを買っていっしょに食べるとか、銭湯で汗を流すとか、他の企画と組み合わせるのもよいでしょう。特に、お父さんと男の子の面会交流におすすめです。

3　子どもの興味に沿った面会交流

・面会交流の基本は、子どもが楽しいことです。
・面会交流に少し抵抗があったり、不安が強い子どもにおすすめです。
---

　(1)　キャラクターやアイドルのイベント

　年齢が高くても低くても、好きなキャラクターやアイドルがいるものです。そのような子どもの好みに合わせてあげれば、「間違いなし！」です。

　　(ア)　子どもが楽しみにする

　簡単なようで難しいのが、子どもに面会交流を楽しみにしてもらうことです。特に、父母が高葛藤である場合、同居親の手前、「楽しみだ！」という気持ちを表現できなかったりします。しかし、アンパンマンショーや電車のイベント、ジャニーズのアイドルの握手会など、子どもの好きなものであれば、何日も前から指折りに数えて楽しみにしてくれます。

(イ)　日程調整でもめない

　イベントの日時は決まっていますので、面会交流の難関の一つである日程調整でもめることがありません。ただ、いつもいつもイベントがあるわけではありませんので、通常の面会交流にスパイス的に使うのがよいかもしれません。

(2)　博物館や科学館など

　中には、博物館や科学館などの学習寄りのお出かけが好きな子どももいます。また、理科の授業で星座に興味をもち、天文科学館に行きたがったり、テレビのニュースで放送された世界遺産に登録された観光地に行きたがる子どももいます。

　(ア)　同居親も喜ぶ

　面会交流を円満に長続きさせるためには、同居親が協力的である必要があります。同居親は、勉強系、文化系の面会交流を評価する傾向にありますので、そのような場合、博物館や科学館といった場所であれば、喜んで子どもを送り出してくれます。

　(イ)　全天候型

　大抵の勉強系施設は、屋内の場合が多いものです。そのため、天候や季節に左右されることがなく、雨でも雪でも真夏でも、気にせず楽しむことができます。

　(ウ)　安　価

　すべての施設に当てはまるわけではありませんが、博物館や科学館といった勉強系施設は、入館料が比較的安く抑えられています。たとえば、ディズニーリゾートや遊園地に行った場合、親子で1万円以上かかることもあります。しかし、勉強系施設であれば、2、3千円もあれば、親子で入館できます。

(3)　スポッチャなどのスポーツ施設

　体を動かすのが大好きな男の子には、何といってもスポーツ系施設が一番人気です。「ラウンドワン」や「スポッチャ」（スポーツを中心とした時間制施

設)といった盛りだくさんの施設から、バッティングセンターや室内プールなど、昔ながらのシンプルな施設まで種類はいろいろあります。

㋐　単なるスポーツとは別の特別感

　先ほど、いっしょにスポーツをする面会交流を紹介しましたが、それよりも少し特別感があるのがスポッチャなどのスポーツ施設です。さほど高額ではありませんが、入場料が必要なだけあって、施設の中には普通では体験できないスポーツや道具が揃っています。また、バッティングセンターなどの昔ながらの施設でも、子どもにとっては目新しく、グランドで野球をするより、楽しんでくれたりします。

㋑　運動が苦手な親でも何とかなる

　グランドでキャッチボールをしたり、サッカーボールをいっしょに追いかけたりといった面会交流は、子どもとの一体感を感じられる反面、運動が苦手だったり、比較的高齢の親にはしんどかったりします。しかし、スポッチャなどのスポーツ施設であれば、珍しい運動用具なども揃っていますので、それを楽しむ子どもを横から見ているという方法もあります。また、バッティングセンターでも横で応援していることもできます。

4　メリット中心型の面会交流

・子どもの年齢が高くなると、面会交流に何かメリットがないと、乗り気になってくれないことがあります。
・子どもをお得感でつるのは悪いことではなく、普通の親子だということです。

---

(1)　ショッピング

　いつの時代も、買い物は、子どもを連れ出す一番手っ取り早い方法です。また、子どもの年齢や性別、個性によって欲しいものも異なります。子ども

が欲しいものを知ることは、子どもを理解する第一歩にもなります。ただ、買い物だけで終えてしまうより、買い物の前後にお茶をするなど、会話を楽しむ時間を設定するのもよいでしょう。高価すぎたり、面会交流が毎回買い物だったりすると教育上よくありませんので、「ほどほど」が大切です。

　(ア)　欲しい物リサーチもコミュニケーションの一つ

　子どもが欲しいものをリサーチするのもコミュニケーションの一つです。面会交流の前に、電話やメールなどで「今度の面会交流はお買い物にしようか」、「最近、何か欲しいものある？」、「いつもどんなところで買い物してるの？」などと聞いてみると、ちゃんと子どもから返事が返ってくるはずです。

　(イ)　意外と多い会話量

　買い物にいっしょに行くという行為は、即物的なようにも思われますが、意外と子どもとの交流があります。いっしょに商品を見ながら、感想を言い合ったりもできますし、子どもから「これ欲しかったんだよね」とか、「今、これがはやってるんだよ」と話しかけてくれることもあります。子どもにとって、やはり何かを買ってもらうのはとてもうれしいものです。気分が高揚し、口数も増えることと思います。

　(ウ)　買うものは同居親に了解を得ておくのがベスト

　文房具用品や雑貨など、さほど値の張らないものであれば問題はありませんが、洋服やカバン、ゲームのソフトなど、少し高価なものを買う場合は、あらかじめ同居親の了解を得ておいたほうがよいでしょう。同居親には別に考えがあるかもしれないからです。せっかく子どもが喜んでくれても、同居親の不満の原因となり、面会交流が中断してしまっては元も子もありません。

　(2)　入場料の高い遊戯施設

　ディズニーリゾートやUSJといった施設は、子どもにとってはまさに「夢の国」です。しかし、入場料の高さから、同居親もなかなか連れていってはくれません。

　(ア)　特別感

　子どもの遊戯施設は多種多様ですが、ディズニーリゾートやUSJなどは

別格です。そこに行くというだけでワクワクしたり、楽しみで前日眠れなかったりします。また、この特別感を楽しむため、事前の準備を徹底するのも一つの楽しみ方です。たとえば、事前にいっしょに本屋さんに行き、「ディズニーランドの効率的な楽しみ方」などとタイトルがついた雑誌を買ったり、その雑誌を読んでアトラクションの回り方をいっしょに相談するといった準備過程を楽しむこともできます。

　　(イ)　別居親も楽しめる

　面会交流の主役は子どもですので、別居親は往々にして「お付き合い」や「お世話」といった役割を担うことになります。しかし、上述のような施設であれば、大人にとっても、魅力のある施設です。いっしょに楽しむことができれば、別居親にとってもメリットがありますし、いっしょに楽しんでくれている姿を見るのは、子どもにとってもうれしいことだと思います。

　(3)　外　食

　外食は外食でも、ちょっと特別感のある食事で子どもに興味をもってもらうこともできます。ちょっと豪華なステーキや、いつもは食べられないパフェやケーキなどを食べさせてあげると喜んでくれたりします。特に高級でなくても、同居親が食べにいかないようなお店に連れていってあげるだけでも特別感があります。子どもは、好きなものを食べているときはとてもご機嫌です。きっと会話も弾むことと思います。

5　「直面」しない面会交流

・面会交流は、その名のとおり子どもとの交流が目的です。でも、中には面と向かった交流が難しい親子もいます。
・高葛藤事例の場合、子どもが思春期や反抗期である場合、別居親と子どもとの交流が久しぶりである場合など、真正面から向き合う面会交流ではなく、斜めの関係や横の関係、もしくは何かを介した三角形の

関係で交流するのがおすすめです。

(1) 映画鑑賞

映画鑑賞は、あまり親子の能動的な交流は期待できません。しかし、隣に座って映画を見たり、その後にジュースでも飲みながら少し感想を話すだけでも、立派な面会交流といえます。

(ア) まずは、横に座ることから

普通の親子関係であれば、子どもと向かい合って食事をするのは日常の出来事です。しかし、少し関係が難しい親子にとって、面と向かって食事をすることほど、気詰まりな行為はありません。この点、映画であれば、そっと横に寄り添い、映画という媒体を通して、子どもと同じ体験を楽しめます。「何か話さないと」という強迫観念や、沈黙に苦しめられることもありません。

(イ) 映画はオールラウンドプレーヤー

映画は、実はとても優秀なオールラウンドプレーヤーです。いつの時期でも、3、4歳の幼児が喜ぶアニメから、大学生が楽しめる恋愛ものやアクションものまで、豊富な作品が揃っています。特に、夏休みや冬休みといった長期休暇期間は、子どもたちが喜びそうな映画が目白押しです。しかも、映画館はどこの地域にもあり、全天候型です。さらには、値段もそれほど高くないのもうれしいポイントです。

(2) 友人を交えての交流

面会交流は、親子単独で行うのが基本ですが、時には、子どもの友人や友人親子を交えての交流もよいものです。

(ア) 会話が弾む

ちょっと気まずい親子の場合、純粋に親子だけで遊ぶより、子どもの友人も交えたほうが会話が弾みます。いっしょに遊戯施設に行くにしても、単に公園で遊ぶにしても、子どもたちが集まると、自然と会話が始まり、別居親も子どもと会話がしやすくなります。また、子どもの友人だけではなく、ママ友やパパ友とその子どもも交えて遊ぶという方法もあります。普通の親子

は、そんなふうにして、親同士も子どもたちもそれぞれに交流を楽しんでいます。

　(イ)　子どもが喜ぶ

　普通の親子でも、子どもが小学校高学年ともなれば、何かメリットがない限り、親の用事についてこようとはしません。「○○（友人の名前）もいっしょに行っていい？」とか「友だちと遊んでいたほうが楽しい」とか、何かにつけて友だちとの遊びを優先させたがります。そのため、面会交流に友だちが参加できるだけで、子どもはとても喜んでくれます。

　(ウ)　子どもの友人関係や対人関係能力が把握できる

　子どもの友だちを面会交流に参加させると、気まずい親子でも会話がしやすいというメリットを先ほどご紹介しました。しかし、時には、親子に会話はなく、子どもたちだけが勝手に遊んだり会話をしたりという状況が生まれることもあります。本来、面会交流は、親子が交流するためのものですので、あまり好ましい状況ではありません。しかし、子どもが友だちと遊んでいる姿を眺めているだけで、子どもの友人関係や対人コミュニケーション能力に対する理解を深めることができます。子どもは、どのようなタイプの友だちが多いのか、友だち集団の中ではどんな役割を果たしているのか、リーダーシップがとれるのか、いじめられていないか、など大変重要な情報が詰まっています。

(3)　ものを介した交流

　別居親と子どもだけという二者関係は、往々にして気まずい雰囲気を生みがちです。そんなときは、目の前にある「もの」を介した交流が有効です。

　(ア)　「商品」というものを介した交流

　いっしょに買い物にいった光景を思い浮かべてみてください。横や斜めに並びながら、別居親が「この服○○（子どもの名前）に似合うんじゃない？」、「最近、こういうのが流行ってるんだな」、「このおもちゃ、お父さんが小さいころからあったなぁ」と子どもに話しかける光景が浮かんできます。また、子どもからも、「あ、これ○○ちゃん（友達の名前）が持ってるやつだ！」、「そ

うそう！ これが欲しかったの！」、「これね、今、テレビでやってるアニメのおもちゃだよ」といろいろな話題が提供されそうです。

　(イ)　おもちゃを介した交流

　たとえば、まだ言葉が話せないくらい年齢の小さい子どもとでも、おもちゃを介してコミュニケーションをとることができます。また、ゲームセンターで対戦型のゲームをいっしょにしたり、子どもが欲しがるぬいぐるみをユーフォーキャッチャーで取ってあげたりするのも盛り上がること確実です（同居親の手前、ゲームセンターには注意が必要ですが）。また、いっしょにラジコンカーを走らせたり、メイキングトイでいっしょに工作をしたりするのもよいでしょう。

Ⅱ　子どもの年齢別引き出し

> **代理人お役立ちポイント！**
>
> 　今度は、子どもの年齢別におすすめの面会交流をご紹介します。2歳の子どもと「ファミレスで食事を」といっても1時間ともたないでしょう。逆に、17歳の女の子に「動物園に行こうか」と誘っても、「彼氏と行くからいい」と言われてしまうのがおちです。依頼者の子どもの年齢に応じた提案は、同居親に対する説得力も増します。

1　乳幼児期

・年齢が小さい子どもにとって、両方の親とのかかわりがとても大切です。子どもは幼児期のうちに、「人とかかわる」、「人を信頼する」といった対人関係の基礎をつくっていきます。
・この時期に両方の親から愛されているという感覚をもつことによって、すくすくと育つことができます。

(1)　監護実績のない別居親は短時間が基本

　まだまだ小さい子どもは、いつも育ててくれている同居親から長時間引き離されると大きなストレスを感じます。また、いくら楽しい面会交流でも、お昼寝や食事といった生活のリズムを乱すような面会交流は体調不良の原因にもなります。

　同居親にとっても、監護実績のない別居親に長時間子どもを預けるのは不安なものです。そのため、少しでも子どもの体調がすぐれなかったりすると、「面会交流をすると子どもが熱を出す」などとクレームが出て、面会交流を拒否されてしまったりします。

まずは、近所の児童館などで、短時間の面会交流から始めてみましょう。児童館は、どこの地域にもあり、無料で利用できるところがほとんどです。年齢に応じたおもちゃもありますし、職員が遊び方も教えてくれます。天候や季節にも左右されず、子育て初心者の別居親にはもってこいです。

(2) 監護実績のある別居親は滞在型

　同居当時から、丸一日、同居親に替わって子どもを監護した実績がある別居親であれば、別居親宅での滞在型の面会交流がおすすめです。年齢の小さい子どもにとっては、やはり自宅が一番です。よかれと思っていろいろ連れ回しても、子どもはまだよくわかりません。疲れて帰ってきて、自宅のリビングに座らせたとたん、のびのびと遊び始めたりするものです。また、自宅であれば、子どもの体調や様子に合わせて昼寝をさせたり、食事をさせたり、着替えをさせたりもできます。

　実は、もっとおすすめなのが、別居親の両親宅での面会交流です。別居親の両親がいっしょにいてくれれば、監護の質が上がります。別居親一人よりも、子どもを見守る目の数も増えますし、別居親よりその両親のほうがおいしい料理をつくれることも多いでしょう。また、先ほど書きましたように、この年代の子どもは、他者とのかかわりがとても大切な時期です。親以外の身近な親族がかかわってくれることは、子どもの成長にとってもプラスです。

2　学童期

・子どもが小学校に入ると、とたんに生活が忙しくなります。
・面会交流に頻度を求めるのであれば、会い方に工夫が必要です。

---

(1) 友人関係が急に濃厚になる

　学童期に入ると、急激に友だちとの関係が濃厚になってきます。これまで、友だちと遊ぶとなると、必ず親が約束を取り付けたり、いっしょについていっ

てあげる必要がありました。でも、小学1年生になったとたん、子ども同士で遊ぶ約束をしてきます。そして、その約束は、平日の放課後だけではなく、週末にまで及びます。そのため、これまでは、親が自由に子どもの予定を管理できていたのが、子どもに「来週の土曜日は誰とも約束してないよね？」とか、「来月の第二土曜は予定入れちゃだめだよ」などと確認しなければいけなくなってきます。

(2) 塾や習い事が忙しい

最近の小学生は、塾に習い事にと、とても忙しい日々を過ごしています。そのような生活の中でも、子どもたちは友だちと遊ぶことを諦めません。学校や塾の宿題をする時間や習い事の時間の隙間をうまく使って遊びの時間を捻出しています。子どもたちにとって、友だちと遊ぶ時間が最優先ですので、面会交流の回数を確保するのは容易ではありません。

(3) 生活にうまく食い込んだ面会交流を

以上のような事情がありますので、学童期の面会交流は、幼児期に比べて回数や時間の確保が難しくなります。そのうえ、子ども自身の興味の対象も「親」から「友だち」に移行していきます。そのため、先にご紹介した「日常生活に食い込む面会交流」がおすすめです。

塾や習い事の送迎やその後にお茶をする程度であれば、ほぼ時間のロスなく別居親とのかかわりを実現することができます。また、親子の関係が良好であれば、夏休みや冬休みといった比較的時間が空いているときに、泊りがけの長期の面会交流を計画するのもよいでしょう。さらには、子どもの時間を無駄にせず、かつ親も子も満足できる会い方として、習い事の発表会や試合を見にきてもらうのもおすすめです。お子さんにとっても、日ごろ頑張っている成果を見てもらうのはうれしいことですし、別居親もお子さんの成長が感じられることでしょう。

3　中学生以降

- この時期の子どもは、親子関係や家庭環境が平和であればあるほど、ほとんど親に興味がないといっても過言ではありません。
- 興味の対象は友人や異性関係、アイドルなどに移っています。親といっしょにでかけるなんて恥ずかしいという子どももいるでしょう。

(1)　それでも大切な面会交流

すでに親とは遊びたがらない年齢ですが、だからといって、面会交流をさせないほうが子どものためになるわけではありません。思春期は、男親からも女親からも学ぶべき性役割があります。また、進学の際に、自分の将来を別居親に相談したくなるかもしれません。さらに、反抗期になると、一人親家庭は逃げ場がないため、親子関係が急激に悪化したりします。同居親との緊張関係や閉鎖的な関係を抜け出し、第三者的な立場である別居親に愚痴を聞いてもらえるのは、大変有効なガス抜きになります。

(2)　頻度にこだわらない

中学生は、定期テストや部活動といった忙しさが加わります。また、小学生以上に、親よりも友だち関係を優先させるようになります。そのため、回数や時間の長さにこだわる面会交流は実現しません。子どもの成長とともに、子どもへの接し方を変えなければならないのは、同居親も別居親も同じです。ただ、子どもの年齢が高くなれば、同居親から長く離れていられるというメリットもあります。夏休みなどの長期休暇に、1週間くらい別居親宅で過ごしたり、いっしょに旅行に行ったりといった、これまでとは違った交流もできるようになってきます。

(3)　メリット中心型の面会交流

面会交流の内容は、メリット中心型の面会交流に移行していきます。何か欲しいものを買ってあげたり、ちょっと贅沢なものを食べさせてあげれば、

子どもも喜んでくれます。また、そのとき話題になっている施設や、子どもの好きなアイドルのイベントに連れていってあげるなどの交流もあります。

Ⅲ　間接的面会交流の引き出し

代理人お役立ちポイント！

　何らかの事情で、どうしても直接会うことが難しい親子もいます。子どもと会えない別居親にとって、間接的面会交流は、かろうじてつながった大切な子どもとのパイプです。ぜひ、将来の直接交流につながるような、充実した間接的面会交流の引き出しを増やしていただければと思います。

1　具体的な間接的面会交流の例

・間接的面会交流は手紙だけではありません。
・別居親が望む内容で、同居親と子どもがある程度受け入れることができれば、間接的面会交流の方法は無数に考えられます。

(1)　手紙、メール、LINE

　いまどきの子どもは、何といってもメールやLINE世代です。ただ、まだ携帯（スマホ）を持っていなかったり、手書きが楽しい時期の子どもであれば、まだまだ昔ながらの手紙も有効です。今やあまり紙の手紙がやりとりされなくなったからこそ、自分宛の手紙が郵便受けに届いているというのは、新鮮でうれしかったりするものです。

(ア)　返信は子どもの自由

　手紙やメールのやりとりをする際の注意点は、返信を強要しないことです。「返事はどっちでもいいよ」という態度が大切です。特に男の子は手紙を読むことは嫌いでなくても、書くことを苦痛に感じてしまうことがあります。

(イ)　手紙の内容も大切

手紙の内容についても、注意が必要です。手紙は、面会交流を実施する前段階として使用されることもありますが、家庭裁判所の調停でも、手紙の内容で失敗してしまう別居親が散見されました。別居親としては、募る思いや、子どもの将来に役立ててほしいという思いで、熱く、説教じみた手紙を書いてしまいがちです。知らず知らずのうちに、同居当時の力関係を彷彿とさせるような内容になってしまっていたりします。そのような手紙を読んだ子どもの感想はどうでしょうか。「うざい」とか「ああ、お父さん（お母さん）は相変わらず一方的だね……」と思われてしまうのではないでしょうか。

　もちろん、同居親の悪口や、「いつでもお父さん（お母さん）のところに戻ってきていいんだよ」といった内容も書いてはいけません。別居親の近況を書いたり、子どもの様子を尋ねたりするような他愛もない内容が適しているのではないでしょうか。以前、仕事で海外出張に行ったときの様子を上手に書いているお父さんがいました。同居親によると、子どもはとても興味深くその手紙を読み、読み終えた後、地図帳を開いて場所を確認していたそうです。また、仕事のことでなくても、最近がんばっていることや、最近始めた趣味の話題なんかも、意外と興味をもってくれるようです。手紙を書くときのポイントは、読み手の気持ちを思い浮かべながら書くことです。

(2) FaceBook や Twitter、Instagram といった SNS のアカウントを教えてもらう

　手紙が別居親からのアプローチだったことに対し、SNS の特徴は、子どもからの情報発信だという点です。別居親は、子どもが発信する情報を受け身的にみるだけですが、自ら手紙を書いてアプローチするよりも、より多くの情報を得ることができます。時には、子どもの友だちからの書き込みがあったりして、子どもの友人関係の把握にも役立ったりします。

(3) 授業参観・習い事の発表会鑑賞

　厳密的には直接的面会交流なのですが、その他大勢の中で、別居親自身の存在をアピールせずに鑑賞することができれば、授業参観や習い事の発表会の鑑賞なども立派な間接的面会交流の一つです。授業参観などは、子どもに

気づかれずに参加するのは難しいですが、大きな体育館や球技場で開催されるスポーツの試合や、ホールを貸し切ってのピアノやバレエの発表会は、事前に教えてもらっていても、自分の親がどこにいるか探すのが大変なくらいです。子どもに負担をかけず、別居親は子どもの成長を実感できるという、内容の濃い間接的面会交流といえます。

(4) 写真や成績表を同居親から送ってもらう

同居親から、定期的に子どもの写真や成績表を送ってもらうという内容の間接的面会交流もあります。子どもに会えない別居親にとって、子どもの姿が見られる写真はとてもうれしいものです。また、いつか直接会えたときのためにも、それまでの空白を写真という形で埋めておくことができます。

また、定期的に写真や成績表を送るというのは、同居親にとって負担になります。しかし、負担になるからこそ、直接的面会交流への道が開かれることがあります。ずっと写真を送り続けていた同居親が、面倒になり、「そろそろ会ってみたら」と子どもを促すということもあり得ます。

(5) その他

そのほかにも、親子の数だけ交流の方法があるといっても過言ではありません。遠距離であれば電話やスカイプ、子どもの拒否が強い場合は、お誕生日やクリスマスなどの行事ごとのプレゼント、引きこもりの子どもとはオンラインゲームで交流といった具合に、それぞれの親子のニーズにあった交流の方法があるのではないでしょうか。

2 再協議時期の設定

・間接的面会交流は、一生子どもと会えないと決まったわけではありません。
・間接的面会交流で合意する場合も、直接的面会交流に向けての協議の時期を定める場合があります。

(1) 別居親の納得

間接的面会交流は、直接的な面会交流の代替的な役割を果たしますが、ただそれだけではありません。将来、直接的面会交流ができるよう、つなぎや橋渡しといった役割も担っています。また、会えない理由が別居親にない場合、別居親としては、間接的面会交流にとどめておくという結果に納得がいかないものです。そのようなときにも、直接的面会交流に向けての再協議時期を定めておくことで、別居親の納得を得られることがあります。

(2) 同居親の覚悟

直接的面会交流に向けての再協議時期を定めておくことは、同居親に対するメッセージにもなります。同居親としては、間接的面会交流を定めて、それで終わりだと思っているかもしれません。しかし、やはり、親子が直接会えるよう、同居親として努力してほしいと思います。再協議時期が決まっていれば、同居親や子どももその時期に合わせて気持ちを調整することができます。

Ⅳ　そのほかのちょっとした引き出し

> **代理人お役立ちポイント！**
>
> 　面会交流は、ちょっとしたことが実施の妨げになり、解決困難なまでにこじれてしまうことがあります。しかし、逆に、ちょっとした工夫で、円滑に面会交流を実施し、また、将来の紛争を防ぐことができます。

1　きょうだいが複数いる場合の工夫

- きょうだいが複数いる場合、いっしょに会うのが基本です。
- しかし、きょうだいの年齢差が大きい場合や性別が違う場合など、同じ内容の面会交流ができなかったりします。
- 無理していっしょに面会交流させると、どちらかがつまらない思いをすることになります。時には別々に、時にはいっしょにと臨機応変に考えることも大切です。

(1)　年齢差・性差がある場合

　性別の違うきょうだいの場合、おのずと興味のあることが違ってきます。そのため、それぞれの興味に沿った面会交流を別々に行うという選択肢があります。また、年齢差があると、興味の不一致に加えて、生活リズムや忙しさも違ってきます。そのため、年齢が低いほうの子どもを中心に面会交流を行い、そのうちの何回かは年齢の高いほうの子どもも食事などで参加するという方法があります。

　子どもは忙しいけれど、別居親がたくさん会いたがっている場合などは、きょうだい別々の面会交流が都合がよかったりします。たとえば、長男と2か月に1回、二男と2か月に1回会うとします。子どもたちは、2か月に1

回の面会交流ですが、別居親は、1か月に1回の面会交流の機会があることになります。ただ、やはり、ずっときょうだいが別々に面会交流をするのも何だか寂しい気がしますし、本来の親子の姿とは少し違ってきてしまいます。そのため、ときどきは、きょうだいが全員揃って別居親と会う機会もつくりたいところです。

(2) きょうだい間で別居親に対する感情が異なる場合

同居中、きょうだいの中で一人だけが、別居親からきつくあたられていたり、厳しくしつけられていたとします。そのような場合、その一人の子どもが別居親との面会交流を拒否することがあり、同居親もしくは別居親がきょうだい揃っての面会交流に固執してまうと、拒否していない残りのきょうだいとも会えなくなってしまいます。きょうだいのうちの誰かと別居親とが楽しく面会交流を行っていれば、拒否していた子どもも、きっと合流してくれることでしょう。

(3) 個別面会交流の具体的提案

(ア) 中学1年の長男と小学1年の長女の例

たとえば、中学1年生の長男と小学1年生の長女という兄妹がいたとします。長男は、毎日部活動に明け暮れ、週末も練習や試合で大忙しです。一方、小1の長女は、まだそれほど忙しくはありません。

そのような場合、長男との面会交流は、部活動の試合を見にいくのをメインにし、長女との面会交流は、月に1、2回、半日程度、近くのショッピングセンターをうろうろしたり、児童館で遊んだり、おいしいスイーツを食べにいったり、というプランはどうでしょうか。そして、時には、長女との面

Ⅳ　そのほかのちょっとした引き出し

会交流の後、長男も合流して夕食をいっしょに食べるというのもおすすめです。

　　(イ)　高校2年の長女と小学3年の長男の例

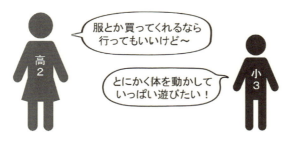

　高校生の長女と小学3年生の長男が父親と面会交流するという設定だとどうでしょう。女子高生が父親と喜んで出かけるのは、自分にメリットがあるときだけです。たとえば、スイーツバイキングに連れていってくれるとか、服を買ってくれるなどの場合です。一方、小学3年生の長男は、とにかく体を動かして遊ぶのが好きです。

　このような場合、常に二人同時に面会交流をするのは不可能です。長女とはお誕生日やクリスマスなどのイベント前にお買い物、長男とは、もっと頻繁に公園やプール、スポッチャなどで体を動かして遊ぶ、といった面会交流を設定するのはどうでしょうか。そして、一つ目の例と同じく、たまには二人揃って食事をするというのもいいですね。

　　(ウ)　きょうだいの性格が違う例

　同じ親から生まれた子どもたちでも、性格が全然違うこともありますし、親との関係性が異なることだってあります。たとえば、小学1年と3年の姉

妹がいたとします。長女は、人見知りが激しく、いつもと違うシチュエーションに緊張しがちです。また、おとなしい性格で、家の中で母親といっしょに工作や手芸をするのが大好きです。一方、二女は、社交的で明るく、週末はいつも父親と外出していました。この姉妹、父と別居しているとしたら、どんなふうに面会交流をするのがよいでしょうか。

　もし、長女が日頃からかかわりが少なかった父親との面会交流に戸惑いを感じるようなら、まずは二女だけから始めてもいいのです。二女が楽しそうに出かけて帰ってくる姿を見ているうちに、長女も行きたくなるかもしれません。最後まで行く気になれなければ、それもまた仕方がないでしょう。面会交流は、あくまで子どもが主体です。子どもに無理強いしたり、負担になるような面会交流は、本末転倒なのです。

2　日程調整の工夫

・日程調整がうまくいけば、面会交流の半分はうまくいったも同然です。
・基本は父母同士で連絡をとることですが、うまくいかないときは、他人に頼るのも一つの方法です。

---

(1)　父母間の連絡なしをデフォルトに

　面会交流の日時や場所については、「子どもの福祉に配慮し、父母がその都度協議して決める」と定めるのがオーソドックスなパターンです。父母間で問題なく連絡がとれる場合、子どもの体調や予定を考慮できるよう、なるべく緩い決め方をしておくのがベストだからです。

　しかし、父母が高葛藤の場合、連絡をとり合うところから、問題が生じてしまったりします。家裁調査官時代にも、調停の期日間に当事者双方で連絡をとってしまい、せっかく前回期日で合意していた部分が、次回期日で覆されるということを何度も経験しました。そのため、基本的には連絡をとり合

う必要がなく、変更の必要がある場合のみ連絡するような決め方にしておくのがおすすめです。

　たとえば、「面会交流は、毎月第1土曜の午後1時から午後6時とし、○○駅で未成年者を受け渡すものとする」といった具合です。確かに、細かく決めれば決めるほど、不自由さが増します。しかし、「都合の悪い場合は2週間前までに連絡し、代替日を設けるものとする」というような一文も入れておけば、どうしても変更ができない学校行事などにも対応することができます。

(2) 代理人による教育的指導

　調停中はもちろん、調停の前段階の交渉でも、早期解決のためには、暫定的・試行的面会交流を積極的に活用していただきたいことは、第3章でお伝えしました。暫定的・試行的面会交流の日程や場所の調整は、代理人が仲介役になると思いますが、その際、ぜひ、依頼者も巻き込む形で協議していただければと思います。たとえば、日程調整のメールには、余計なもめごとを避けるため、日程調整にかかわる要件以外のことは書かないのがベストです。しかし、そのようなことを教えてくれる人もいないため、ついつい「そういえば、前月の養育費の支払いがまだですが」などと書いてしまうのです。ぜひ、「要件はシンプルに書く」とか、「候補日は複数挙げる」といったことを、依頼者に指導していただければと思います。そうすれば、合意した翌月に「先生、結局会えませんでした」という電話がかかってくることもないと思います。

(3) 第三者機関の連絡型を利用

　多くの第三者機関は、「連絡型」というサービスを用意しており、面会交流の日時や場所の調整を仲介してくれます。第三者機関のスタッフから話を聞いたところ、平日の日中は連絡がとれず、休日や夜間に何度も連絡をとり合わなければならない人も多く、本当に大変なお仕事だそうです。このような大変な連絡調整ですが、ほとんどの第三者機関では、各サービスの中で、一番安い価格に設定されています。中には、3000円程度から受けてくれると

ころもありますので、これを利用しない手はありません。

> ### 現場から ❖ 忙しい子どもの増加
>
> 　最近、忙しい子どもが本当に増えています。特に、都市部は、幼稚園や小学校の受験も活発で、未就学のころから習い事や幼児教室に通う子どもがたくさんいます。また、就学して間もなく、私立中学の入試のための塾通いも始まります。
> 　小学校入学後は、急に友だちとの遊びが活発になる時期でもあります。これまで親を介してしか友だちと遊べなかった子どもたちが、学校で「ランドセル置いたら〇〇公園で集合な」とか、「今日は〇〇ちゃんのおうちでシール交換しようよ」と勝手に約束して、親の付添いなく遊びにいくようになるからです。さらには、月に数回は土曜の半日授業があったり、学校行事があったりしますので、休日も忙しくなります。
> 　中学に入学すると、クラブ活動が始まり、場合によっては、週末も含め、ほとんど毎日のように練習があるクラブもあります。また、親より友人を優先したい気持ちも強くなってきますので、中学生以上の子ども相手に定期的に面会交流を行うのは大変です。
> 　同居親の「私だって子どもと出かけられないんだから……」というぼやきも理解できるような気がします。

# 第6章

拒否事例に学ぶ早期解決のための交渉術 1
――同居親の拒否――

I 合理的理由のない拒否
II 別居親の問題行動を理由にする拒否
III 子どもの事情を理由にする拒否
IV その他

I　合理的理由のない拒否

> **代理人お役立ちポイント！**
>
> 　同居親が面会交流を拒否する理由は本当にさまざまですが、中には合理的理由のない拒否も散見されます。確かに、離婚理由が別居親にあった場合、同居親にとっては、合理的理由のある拒否なのかもしれません。しかし、別居親が諦めてくれなかった場合、次にあげるような理由は、禁止・制限事由にあたらず、会わせる方向での解決を図ることになります。次は、その解決のために押さえておきたいポイントについて提案します。

1　別居親の不貞などに対する懲罰的拒否

- 別居親に不貞や借金問題などの離婚原因がある場合、同居親としては別居親を憎む気持ちや責める気持ちが大きいものです。しかも、思っているほど慰謝料や財産分与をもらえなかったりと、離婚をしても報われなかったり、やりきれなかったりします。
- そのような場合、別居親から面会交流を求められたとしても、「〇〇（不貞や借金など）してたくせに、子どもと会えると思ったら大間違い」ということになり、懲罰的拒否につながります。

| 合理的理由のない拒否

事例1

母：35歳　　父：45歳、長女：12歳
　　　　　　二女：5歳

　父母は母の不貞行為が原因で離婚。父は、自分より年下である母が若い男性と不貞行為に及んだことが許せず、母に対する拒否感情が強い。母は、子どもらとの面会交流を求めているが、父は「浮気しておいて、子どもに会いたいなんて図々しい」と面会交流に応じる気持ちはさらさらない。

(1) 別居親の代理人が押さえておきたいポイント

　同居親が懲罰的な意味合いで面会交流を拒否している場合、「面会交流は別居親の権利」とか、「会わせてもらって当然」という態度で主張すると、同居親が拒否を強める結果になりかねません。そのうえで、以下の点を押さえておきましょう。

㋐　具体的で説得力のある主張のための聴取

　第4章でお伝えしたとおり、具体的で説得力のある主張とするためには、別居親から同居当時の親子関係について聴取することが欠かせませんが、この事例では、特に重要です。なぜなら、この事例の特徴は、別居親が母であり、子どもら二人も女児だからです。同居当時の様子を詳細に聞けば、母と子どもらの密な関係が浮かび上がってくることと思います。

　また、長女の年齢が比較的高いことから、生活状況についての聴取も必要です。そのうえで、子どもらの生活を邪魔しないような形での面会交流の頻度や内容を提案するとよいでしょう。

101

(イ)　離婚理由が母にあることを考慮

　母に不貞をされた父の気持ちにも配慮が必要です。というのも、夫に不貞をされた妻より、妻に不貞をされた夫のほうが圧倒的に怒りの感情が強いからです。本来、どちらが不貞しようと、罪の重さは同じはずです。しかし、妻に浮気をされた夫は、男のプライドを傷つけられたと感じ、妻に敵対心をもつことが多いように思います。そのため、謝罪の気持ちを伝えたり、慰謝料や財産分与といった経済面で譲歩できる部分があれば、それを提示するのも一手かもしれません。

　(ウ)　父が拒否する他の理由も推測

　この事例のような場合、子どもたちが母になびいてしまったらどうしようという父の心配が拒否の背景にあるかもしれません。日頃の監護に対する感謝の気持ちや、母としては、どのような目的でどのような時間を子どもらと過ごしたいと考えているのか、具体的に伝えることも有効だと思います。

　(エ)　見通しを父に伝える

　合理的でない拒否に対しては、見通しを伝えることが有効です。父に代理人がついていないときはもちろん、父の代理人がいたとしても、ぜひ伝えておきましょう。「どうせ会わせるんだったら」という父の諦めを引き出します。

　(2)　同居親の代理人が押さえておきたいポイント

　まずは父の気持ちに共感することが大切です。「なぜ不貞までされて会わせなければいけないのか」といったやりどころのない怒りに寄り添っていただければと思います。そのうえで、感情的に「会わせない」と言っている父の言葉どおりに協議を進めるのではなく、長期的視野により、何が父の利益になるかを考えることが大切です。依頼者である父は、母に不貞された怒りで冷静な判断ができなくなっているかもしれません。そんな依頼者に対し、冷静で合理的な判断を提示していくことが、代理人のみなさんに求められています。

　(ア)　初期段階の情報提供

　この事例で大切なのは、正しい情報を初期段階で提供することです。禁止・

制限事由がない限り、家庭裁判所の審判では会わせる結果となることを一般論として伝えることで、「どうせ会わせなければいけないなら、ごねても疲れるだけ」という合理的な思考を父から引き出すことができるかもしれません。また、面会交流によって、子どもの喪失感や不安を癒すことができることを伝えれば、母親と離れて暮らす我が子の心情に思い至るかもしれません。

　(イ)　父のメリットもある面会交流の内容にする

　母のためだけではなく、子どもらや父のメリットにもなる面会交流の具体的方法について提案することも必要です。先ほどお伝えしたとおり、この事例の特徴は、別居親が母である点です。父は、働きながら女児二人を育てるわけですから、大変なことがたくさんあるはずです。

　面会交流を定期的に実施すれば、その日は残業もできますし、同僚と飲みにいくこともできます。たとえば、父は月末が繁忙期だとすると、残業や休日出勤ができるよう、月末に面会交流を設定するというような方法があります。また、子どもらが思春期に差しかかったとき、母が相談相手になってくれれば、父の悩みが減るかもしれません。母子が自由に電話やメールで連絡できるようにしておけば、そのような悩み相談もしやすいですし、逐一父が仲介する手間も省けます。

2　子どもを所有物化している拒否

- 日本では、子どもを個性のある一個人として考えるより、弱い存在として、自分の庇護下に置いている親が多いように思います。
- そのため、同居親自身が意識していなくても、子どもを自分の所有物として考えていることが多く、子どもに意見を求めることなく、同居親が拒否してしまいます。

事例2

父：40歳　　母：35歳、長女：3歳

　同居当時、専業主婦である母が主たる監護者であった。父は、事業に忙しく、あまり家庭を顧みなかったが、結局事業も失敗。父が多額の借金を抱えたことで離婚。母は、これまで長女を育ててきたのは自分だと自負しており、「この子のことは、母親である私が決めます。この子を不甲斐ない父親に会わせるつもりはありません」と面会交流を拒否している。

(1) 別居親の代理人が押さえておきたいポイント

　現在の日本で一番多いのがこのタイプの母子家庭かもしれません。父は、「おまえ（母）が子育てに専念できたのは、俺が外で一生懸命働いてきたからじゃないのか」というやりきれない気持ちを抱えることになります。このような場合、同居当時の父子関係が密でなかったという点や子どもの年齢が低いことなどを考慮した面会交流を提案する必要があります。

(ア) 現実的な面会交流を提案

　通常、同居当時の父子関係について詳細に聴取しますが、この事例の場合、事業に忙しい父が子どもに積極的にかかわっていたという話は聞けそうにありません。そのため、長女の3歳という年齢やあまり密ではなかった父子関係を考慮した、実現可能な面会交流を父と相談する必要があります。たとえば、児童館で短時間遊ぶところから始めなければならないかもしれません。

(イ) 養育費を検討

母は、父を「不甲斐ない」と形容しています。これは、父がこれまで育児に不参加であったことに加えて、経済的な側面も含んでいると思われます。事業に失敗し、経済的に苦しいかもしれませんが、おそらく、母の一番の心配も母子家庭の経済状況かと思われます。養育費の支払いと面会交流は何ら関係がないのが建前ですが、父親として何か援助できることがないか模索することも必要です。

　(ウ)　将来的なビジョンを提供

　この事例の場合、(ア)で説明したような理由で、頻回で密度の濃い面会交流は難しそうです。また、会えない期間が長かったりすると、長女が父に会うと泣いてしまい、間接的面会交流から始めなければならないかもしれません。しかし、まだ長女は幼く、成人まで長い年月があります。現時点では、満足のいく交流ができないかもしれませんが、細々とでも続けてさえいれば、新しい展開もあり得ることを父に説明し、合理的な判断を求めましょう。

　(エ)　見通しを母に伝える

　先の事例と同様、禁止・制限事由にはあたらない理由で、面会交流を完全に拒否している同居親に対しては、「調停や審判になれば会わせることになる」という情報提供が必要です。

　(2)　同居親の代理人が押さえておきたいポイント

　このタイプの母は、自分が子どもの権利を侵害していることに気づいていません。しかし、逆にいうと、何か強い意志や理由で面会交流を拒否しているわけでもありません。経済的不安を抱えた母子家庭の生活に寄り添い、何が本当に母のメリットになるのかを考えたかかわりが求められます。

　(ア)　初期段階での情報提供

　早い段階で、禁止・制限事由がない限り、家庭裁判所の審判では会わせる結果になることを一般論として伝えることが大切です。また、この事例の母の場合、別居親と会うことは、子どもの権利であることや、同居親であってもその権利を侵害できないことを伝える必要もあります。

　(イ)　母のメリットにもなる面会交流を提案

3歳の子どもを一人で育てている母親というのは、とても不自由なものです。子どもを夫に預け、自分の好きな習い事をしたり、友人と飲みにいったりすることができません。美容院や歯医者だって自由に行けません。そのため、面会交流を実施している間、同居親は自由時間を得られること、面会交流は育児補助でもあることを同居親に知ってもらうことが大切です。また、経済的な不安を抱える母子家庭では、子どもを遊びに連れていったり、外食するお金にも事欠くかもしれません。そのような悩みを解消するような面会交流の方法を母のほうから提案するのもよいでしょう。

3　清算的拒否

- 意外と多いのが、別居親との関係を一切絶ちたいという清算的拒否です。
- 別居親との過去を清算するということは、別居親を子どもの親として認めないということです。あわよくば子どもに別居親を忘れてほしいという同居親さえいます。

事例3

父：22歳　　母：22歳、長女：2歳

　父母は、母が妊娠したことをきっかけに交際半年で若くして結婚した。しかし、父は、まともに働くこともせず、無断外泊もしばしばであった。やる

ことといえば、在宅している際に長女の世話をしたり、遊んでやることぐらいだった。母は、長女を連れて実家に戻り、離婚を決意。母としては、人生の汚点である父との結婚を清算したい気持ちもあり、また、あわよくば、長女にそんな父を忘れてほしいとも考えていた。そのため、離婚後は住所を父に知らせず、長女に会わせるつもりもない。一方、もともと子ども好きな父は、長女との面会交流を求めたいと考えている。

(1) 別居親の代理人が押さえておきたいポイント

この事例の父は、夫としては失格だったかもしれませんが、子どもにとっては、「よく遊んでくれる大好きなパパ」だったかもしれません。離婚により、父の夫としての役割は終わりました。今度は、「良き父」の部分を母や長女に見せていけるような面会交流をめざすことになります。

(ア) 具体的で説得力のある主張のための聴取

第4章でお伝えしたとおり、具体的で説得力のある主張をするためには、別居親から同居当時の親子関係について聴取することが欠かせませんが、この事例では、特に重要です。

なぜなら、この事例の特徴は、父の在宅時間が長く、よく子どもとかかわっていたからです。父が実際に担っていた育児の種類や頻度を聴取し、同居当時の父子関係を浮かび上がらせましょう。そのうえで、2歳の長女の負担にならず、また、母も受け入れやすい面会交流の方法について相談しましょう。

(イ) 父に子どもの福祉の視点を提供

父は、定職に就かず、無断外泊もたびたびだったわけですから、少しくらい子どもの面倒をみてやっていたとしても、立派な父とはいえません。そのような父が、子どもに会いたい気持ちを満たすためだけに面会交流を求めるのでは、子の福祉の視点に欠け、いずれ面会交流は破たんします。たとえば、父が定職に就き、養育費を支払うことができれば、母の気持ちもほぐれ、面会交流が円滑に実施できるかもしれません。ただ単に面会交流を求めるだけではなく、父にも努力が必要であることを父に伝える必要があります。

(ウ)　見通しを母に伝える

　事例1および2と同様、禁止・制限事由がない場合、家庭裁判所の審判になれば、「会わせなさい」という結論になることを母に伝えておくことが必要です。ただ、先の事例と異なるのは、父が仕事もせずにぶらぶらしていたという落ち度がある点です。そのため、父も定職に就き、養育費が払えるように努力していきたいと考えていることなどをあわせて伝えたほうがよいでしょう。

(2)　同居親の代理人が押さえておきたいポイント

　過去の清算にこだわる同居親は、「失敗に終わった結婚」を消し去りたいと考えています。しかし、結婚を決めたのも自分であり、その結果生まれたのが長女です。過去の失敗をなかったことにして蓋をしても、母は本当の意味で離婚を乗り越えたことにはなりません。母が、前向きに新しい生活を始められるよう、代理人として導いていただければと思います。

　(ア)　早い段階での情報提供

　早い段階での情報提供が必要なのは、先の2事例と同じです。家庭裁判所の審判では、禁止・制限事由がなければ面会交流が認められること等を一般論として伝えることが必要です。また、この事例では、母が望んでいる「過去の清算」は、子どもの半分を否定することになり、子どもの自己肯定感や自尊心を損ねること、また、「本当の父がわからない」という出自の問題は、いずれ長女を悩ませるだろうことも理解してもらう必要があります。

　(イ)　母にも子どもにもメリットのある面会交流の提案

　いい加減な父ではなく、「遊んでくれるいい父親」の部分がクローズアップされるような面会交流の方法についていっしょに考えていきます。たとえば、長女はまだ小さいですが、同居当時の父子関係が良好であったことから、父宅で食事を作って食べさせてもらったりという面会交流が可能かもしれません。また、父との関係を絶ちたいという母の願いも考慮し、経済的に可能であれば、第三者機関の連絡型もしくは受渡し型のサービスを検討してもよいかもしれません。

Ⅱ 別居親の問題行動を理由にする拒否

> **代理人お役立ちポイント！**
>
> 　同居親が面会交流に同意できない背景に、別居親の問題行動が潜んでいる場合もあります。問題解決のカギは、禁止・制限事由に該当するかどうかの判断と、問題の洗い出しおよびルール化です。

1　DV・モラハラなど

- 婚姻当時のDV（ドメスティックバイオレンス）が原因で、別居親に会うことができない同居親もいます。中には、別居親の名前をみただけでも鼓動が早くなる、声を聞くと息切れがするという同居親もおり、面会交流の日時の調整さえできないことがあります。
- モラハラが理由で、DV同様に別居親に恐怖を感じている同居親もいます。モラハラの場合、明確なDVと異なり、客観的にみると、「そんなことくらいで、そこまで怖がらなくても」と思われる場合もあります。しかし、受けた本人しかわからないつらさや、夫婦間の独特の関係性があるため、思わぬ理由で思わぬ拒否につながることがあります。

事例 4

父：42歳　　母：35歳、長男：4歳

　母は、職場の上司であった父に憧れて結婚。しかし、職場の上下関係が家庭にも持ち込まれ、父は、事あるごとに母を説教した。母は、父の言っていることが正論であることから反論できないでいたが、日々、家事や育児について口だけ出して手伝うことはない父に不満が募り、離婚に至った。母としては、長男を父に会わせてやりたい気持ちもあるが、父と会うと、説教をされていたことを思い出し、言いたいことも言えなくなるのではという恐怖心から、日時の調整等に不安を覚え、面会交流に踏み切れないでいた。

(1) 別居親の代理人が押さえておきたいポイント

　モラハラやDVについての認識を別居親に尋ね、別居親としてはたいしたことはないと思っていても、同居親にとっては大変な負担であったことを理解してもらう必要があります。肝心なのは、「本当にDVがあったか、本当にモラハラがあったか」ではなく、同居親がそう感じているということです。この点が慰謝料訴訟などと異なる点です。同居当時の親子関係のみではなく、父母関係が面会交流に影響を及ぼす点が、こういった事例の特徴です。

⑺　現実的な面会交流の提案

　同居当時の父子関係が大変良好であったとしても、父が頻繁な面会交流を求めていくことが現実的かどうかの検討が必要です。たとえば、この事例の場合、母のほうが頻繁な面会交流に精神的に参ってしまい、家事や育児に支障を来すようになってしまうとどうでしょうか。まだ幼い長男の福祉に大き

な影響があることが予想されます。DVやモラハラが主張されている場合、純粋に親子関係にのみ焦点をあてるのではなく、同居親の状況等、周辺状況も配慮したうえで、実現可能な面会交流の方法について提案する必要があります。

　(イ)　第三者機関の提案と暫定的・試行的面会交流の提案

　次の段階は、第三者機関の利用の検討や機関の選定を行い、それを同居親に提案していくことです。ただ、第三者機関の利用を決定するには、事前の面接などが必要であり、時間を要することがあります。この事例では、母の恐怖もそこまでではないため、まずは、期日間に双方の代理人を介しての暫定的・試行的面会交流を求めることも一つの方法です。

　(2)　同居親の代理人が押さえておきたいポイント

　母は、暴力を振るわれていたわけでもないため、母が父と電話やメールでさえ連絡がとれないことを理解できないかもしれません。しかし、長年にわたって抑圧されてきたつらさは、本人にしかわかりません。また、別居により、その抑圧から解放され、初めて恐怖心が湧いてくることもあります。そのため、「あの頃の自分には戻りたくない」との気持ちから、相手との接触を避けたり怖がったりする人がいます。そのような人に対し、「何とか頑張ればできるでしょう」と言ってしまうと、依頼者は、「どうせ、わかってくれない」と心を閉ざしてしまいます。そのため、まずは、母のつらい気持ちを共有し、母ができる形での面会交流の方法を探すことが肝要です。

　(ア)　禁止・制限事由にあたるかどうかの検討

　通常、DVやモラハラがあったからといって、すべてが禁止・制限事由にあたるわけではありません。しかし、DVの程度がひどく、接近禁止命令が出されているような場合はどうでしょうか。同居親は、子どもを連れてシェルターに入っているかもしれませんし、必死に住所を隠しているかもしれません。そのような緊張感の中で、別居親に会うということは、子どもには大きな負担であり、子の福祉を害する事態であるともいえます。そのため、まずは、同居親からDVやモラハラの程度や、同居親と子どもの生活の状況等

を聴取し、禁止・制限事由にあたるかどうかの判断が必要になってきます。

(イ) 第三者機関の利用を検討

DVやモラハラが理由で父母間の日時の協議や面会交流時の受渡しが困難な場合は、第三者機関を利用することで解決できます。この事例の場合、子どもの年齢からして、連絡調整型のみでは足りず、受渡し型のサービスも同時に利用することが必要になると思われます。

2　別居親のルール違反

> ・面会交流にはさまざまなルールがあります。お互いの悪口を言わない、約束の時間に遅れない、高価すぎるプレゼントを与えない、同居親のことをあれこれ聞き出さないなどといった基本的なルールから、その家族ならではの約束事までいろいろです。
> ・同居親が求めるルールを別居親が守らない場合、同居親としては、面会交流を拒否するしかなくなります。

事例5

母：40歳　　父：50歳、長女：7歳

母は、もともとあまり子煩悩でなく、仕事に夢中になるタイプであった。一方、父は、歳をとってからできた子どもがかわいく、仕事をセーブしながら育児にあたってきた。しかし、母が会社を辞め、独立したのをきっかけに

父母は離婚し、父が親権者となった。父としては、母親としての愛情を長女に注いでやってほしいとの気持ちもあり、面会交流を認めていた。しかし、面会交流から帰ってきた長女の様子がおかしいことが重なり、父が事情を聞いたところ、長女は「ママがいっしょに住もうって何度も言ってくるの」と述べた。長女によると、母は、他にも、「パパといっしょに暮らしていても大学まで行けない」とか、「女の子は母親と住んだほうがいい」など言い、長女に「ママと住みたい」と言わせようとするとのことであった。どうやら、母は、離婚後つき合い始めた交際相手と別れ、寂しさが募っているようであった。

(1) 別居親の代理人が押さえておきたいポイント

別居親の中には、同居親の育児の大変さに思い至ることができず、「子どもをとられた」という恨みつらみだけを強く感じている人がいます。そのような人は、往々にしてルールを無視したり、同居親の反感を買いそうなことをしてしまいます。しかし、そのような態度は、面会交流の中断という形で別居親に返ってくることになります。そのため、まずは、別居親の面会交流に臨む姿勢を変えてもらわなければなりません。

また、中断事例では、早期再開も重要になってきます。そのため、ルール違反の有無を争うのではなく、新たなルール決めをしたうえで、早期に再開をめざす必要があります。

(ア) ルール違反の真偽についての聴取

ルール違反の有無を争うのは得策ではありませんが、一応、別居親の言い分を聞き取ることから始めます。母が「まったくそんなことは言っていない」と言うならば、どうして長女がそのようなことを言い始めたのか、そもそも、父の主張が嘘なのか、という検討が必要になり、長女の話を聞く選択肢が出てきます。しかし、多くの場合、まったく身に覚えがないルール違反を主張されることはありません。この事例の母であれば、「そんなつもりではなかった」、「そんなふうには言っていない」、「そんなに何回も言っていない」などといった回答が返ってくることがほとんどです。そのため、少しのルー

ル違反でも、紛争性の高い面会交流にとっては致命的であることを母に理解してもらわなければなりません。

　(イ)　反省の気持ちや今後の約束を聞き出す

　母に、今後は厳密にルールを守ることを約束してもらいます。長女が戸惑ったり、傷ついたりしているようであれば、謝罪の手紙を書くなどし、気持ちをほぐすことも大切です。そして、忘れてはいけないのは、「もう一度ルール違反をすれば、次はない」ということを母に理解させることです。

　(ウ)　再開時期を模索する

　また、中断事例では、早期に再開することも重要です。母がルール違反を認めて謝罪するなどし、すんなりと再開されるようであればよいのですが、話し合いに時間がかかりそうな場合、暫定的な再開を模索していくことになります。たとえば、この事例のようなルール違反が主張されているのであれば、双方の代理人もしくは父の代理人の立ち会いによる面会交流を申し入れます。

　中断事例は紛争性が高いと判断され、事前の交渉をほとんどしないままに調停を申し立てる代理人もいます。しかし、早期解決や暫定的再開の観点から考えても、まずは、調停前の交渉を充実させることが必要になってきます。

(2)　同居親の代理人が押さえておきたいポイント

　「ちゃんと会わせているのに、ルール違反をされた」という同居親の憤りに理解を示し、新たなルールづくりをすることが求められます。一方で、同居親の求めるルールが厳密すぎないか、過度に心配しすぎているのではないか、といった検討も必要です。

　(ア)　同居親が求めるルールや中断の妥当性を考える

　この事例の父は、面会交流の重要性を理解し、面会交流に肯定的でした。しかし、母の犯したルール違反を放置すると、子どもの福祉は著しく害されることになり、面会交流を中断した父の判断も理解できます。

　しかし、中には、これを機会に面会交流を中止したいと考え、重箱の隅をつつくような理由で別居親のルール違反を指摘する同居親もいます。しか

し、ご存知のとおり、家庭裁判所で話し合うことになれば、一度のルール違反で「もう会わせなくてよい」という結果になることはそう多くありません。ルール違反の内容にもよりますが、多くは、今後はルール違反をしないと別居親に約束させ、面会交流を再開する方向で協議が進むことになります。この点について同居親に説明し、理解を得る必要があります。

　(イ)　ルール決めと最後通告の提示

　この事例の場合、母に対し、今後は子どもを不安にさせるような言動をしないように、と申し入れることになります。しかし、母がルール違反の重要性を認識していなければ、同じようなことが繰り返されます。そのため、「今後、同じようなことがあれば、今度こそもう会わせないぞ」という覚悟を母に伝えることが大切です。

3　別居親の監護能力に対する不信

- 未就学児（特に3歳くらいまで）との面会交流である場合、別居親の監護能力の低さを理由に面会交流を拒否する同居親がいます。
- これまでオムツを替えたことがない別居親は、子どもの合図を見逃さず「ぬれたらオムツを替える」、「おしっこにいきたそうな子どもをトイレに誘う」といったことができるでしょうか。
- 週末は寝てばかりいて、子どもを遊ばせた経験が少ない別居親は、公園などの屋外で遊ばせる際、安全配慮ができるでしょうか。
- 問題解決のカギは、「身の丈に合った面会交流」です。

事例6

父：35歳　　　母：38歳、長男：4歳

父母は、お互いの性格や教育方針の不一致により離婚。父は、何ごとも積極的に行うが、おおざっぱで雑な性格であった。一方、母は、何ごとにも消極的で、初めてのことや慣れないことには臆病になる傾向があった。もともと、母は、父子の面会交流を認めていたが、公園で面会交流中、長男がけがをしたことがきっかけで、「危なくて預けられない」と会わせなくなっていた。父は仕事中心の生活で、監護実績がないことも、母の心配を掻き立てていた。

(1) 別居親の代理人が押さえておきたいポイント

別居親から過去の親子関係や監護実績について聞き取り、同居親が指摘する不安が妥当かどうか反論を検討する必要がありますが、同居親の不安を解消する形で面会交流を再開したほうが、結果的に別居親の利益となることがあります。

(ア) 再開に向けての調整

まずは、母の主張を確認したうえで、父の言い分や説明を聴取しましょう。たとえば、父が「長男のけがは自分のせいではない。ちゃんと見ていたが、不可抗力だった。そもそも、男の子なんだから、多少のけがは問題ではない」と語ったとします。このような場合、「長男のけがは父のせいではないし、多少のけがは想定内である。よって、面会交流を中断する理由はない。早急に再開せよ」というトーンで主張してしまうと、母の態度は頑なになるばかりです。

大切なのは、けがが誰のせいか、中断事由があるかないかではなく、長男がけがをしない面会交流を行うことです。そのため、「長男のけがは、誰がそばにいても防ぎようがなかったとは思うが、当面、室内遊びを中心とした面会交流をしたい」といった具合に主張することになります。

　㈦　協議途中での暫定的再開をめざす

　また、上述のとおり、中断事例で大切なことは、早期の再開です。中断期間が長引くほど、再開が難しくなり、再開時の子どもの負担も増します。そのため、話がまとまるまで再開しないというのではなく、まずは、母が心配しない形での面会交流の再開をめざします。そして、暫定的な面会交流を継続する中で、今後の面会交流のあり方について協議し、父母双方が納得できる面会交流の形に近づけていきます。

(2)　同居親の代理人が押さえておきたいポイント

　同居親の不安な気持ちに寄り添いつつ、同居親の心配や不安が妥当か、別居親の監護能力不足はどの程度なのかについて判断していきます。大抵の場合、監護能力不足が制限・禁止事由にはならないため、どのような交流方法であれば許容できるか、同居親と協議しておく必要があります。その際、子どもの様子も聴取しておきましょう。

　㈦　別居親の監護能力を推測、面会交流案の提示

　同居当時の父の監護実績や父の性格から考えるに、一度けがをさせてしまった以上、母の心配もあながち行き過ぎだとは思われません。ただ、そのことだけをもって、禁止・制限事由があるともいえないので、どのような形であれば許容できるのか、母と協議が必要です。

　㈦　長男の様子も重要

　交流案を考えるにあたっては、長男の受け止めも参考にします。長男はもうパパと公園で遊ぶのを嫌がっているでしょうか、それとも、まだ「パパと遊びたい」と言っているでしょうか。もし、まだ遊びたい気持ちがあるのであれば、安全さえ確保されれば「屋外」を「屋内」に替えるなどして再開が可能です。

しかし、長男がけがをしたトラウマで、「ちょっと会うのが心配」などと言っている場合は、時間を短くして会うなどの配慮が必要です。

Ⅲ 子どもの事情を理由にする拒否

> **代理人お役立ちポイント！**
> 同居親が子どものことを心配して面会交流を拒否することもあります。その心配が妥当な場合もあれば、拒否の本音が違う場所にあることもしばしばです。本当の拒否理由を見極めつつ、双方が納得できるような面会交流を提案する必要があります。

1 子の繁忙を理由にする拒否

- 最近は、忙しい子どもが増加しています。これまでも、中学生は部活や勉強で忙しいものでした。しかし、最近は、忙しい層が幼児にまで広がっています。
- このような事情を理解せず、自分の求める面会交流を主張してしまうと、同居親に拒否されてしまいます。

事例7

母：40歳　　父：45歳、長女：12歳
　　　　　　二女：7歳

母はキャリアウーマンで、海外主張なども多かった。一方、父は、地方の

公務員で定時退社が可能であったことから、父は主たる監護者として長女および二女を養育してきた。母が管理職に抜擢されたころから、夫婦不和が始まり、父を親権者と定めて離婚。母は、親権は諦めたものの、子どもらが女児であることもあり、これからも密にかかわっていきたいと思っている。そのため、毎週日曜午後1時から午後6時までの面会交流を求めている。しかし、父は、長女および二女の繁忙を理由に、そんなに頻繁には応じられないとしている。

(1) 別居親の代理人が押さえておきたいポイント

子の多忙を理由に同居親から拒否された場合、まずは子どもの日々のスケジュールを確認し、別居親の希望する面会交流との兼ね合いを考えていきます。また、別居親が子どもの多忙さを理解せず、「どんなに忙しくても親に会う時間ぐらいあるでしょう」という態度であれば、子どもの生活を尊重した面会交流のほうが長続きする点などを教示しておくことも求められます。

⑺ 子どもらのスケジュールを確認

母が求めている「毎週日曜午後1時から午後6時」という内容が現実的かどうかの再検討が必要になってきます。そのためには、母が把握している子どもらの日常生活のスケジュールと父が主張するそれとの差異に注目していきます。別居後、母の知らない習い事や予定が増えているのかもしれません。

⑻ 面会交流案を再考

本当に子どもらが忙しく、母が求める頻度の面会交流が難しそうな場合、面会交流案の見直しが必要になってきます。母は、「子どもらが女児であること」を頻繁な面会交流を求める理由としてあげていますが、どのような母子関係を築いていきたいか、そのためにはどのような内容の面会交流を行いたいか、という原点に立ち戻ることなります。そのうえで、母の希望を満たしつつも、子どもたちのスケジュールに影響を及ぼしにくい面会交流を提案していきます。

たとえば、母が、会う時間の長さよりも、たびたび会うことで、子どもら

がいつでも母に悩みを相談できるようにしておいてやりたいと希望しているとします。そうすると、午後１時から午後６時という長さにこだわる必要はありません。子どもらの習い事の送迎や平日の夕食といった、日常生活に食い込んでいく形の面会交流の提案が考えられます。また、長女と二女との年齢差を考慮し、面会交流の回数に差を設けるという方法もあります。

(2) 同居親の代理人が押さえておきたいポイント

多忙を理由に拒否する場合、別居親に子どもの忙しさをいかに納得してもらうかがポイントです。そのうえで、同居親や子どもの負担にならず、別居親も受け入れやすいような案を作成するのが代理人の腕の見せ所です。

(ア) 子どもらのスケジュールを視覚的に把握する

別居親の納得が一番得られやすいのに、視覚的に子どもらの忙しさを示すことです。そのため、各曜日ごとに一日の時間割を書き込んだ表を作成することが有効です。逆に、表にしてみると、意外と自由な時間が多かったという場合は、父の気づきにもつながります。

(イ) 代替案の提示

母が求める頻繁な面会交流に対して、父としてはどの程度であれば許容できるのか、そう考える理由は何か、といった代替案も考えていきます。この事例の場合、長女と二女の年齢差がありますので、無理にいっしょに面会交流をする必要もありません。たとえば、二女は月に２回程度、母と半日遊びに出かけ、長女は月に一回程度夕食をともにするというようなパターンも考えられます。また、忙しい子どもの負担にならないよう、「どうせしなければならないこと」を面会交流に組み込むのも一つの方法です。食事、習い事の送迎、学校行事の参観がその例です。

2 子の体調や発達特徴を理由にする拒否

・子どもの体調や発達特徴を理由に面会交流を拒否もしくは制限される

ことがあります。
- 幼児は風邪をひきやすかったり、疲れてすぐ熱を出したりします。長時間の面会交流は負担になり、体調不良につながります。
- 発達特徴をもつ子どもの場合、同居親が日常の生活リズムを大切にしており、「非日常」である面会交流を否定的に受け止めることがあります。また、実際に、初めての場面だと不安定になってしまうなど、他の子どもとは違った配慮が必要な子どももいます。

事例8

父：35歳　　母：33歳、長男：6歳

　長男は、発達障害があった。母は、長男が他の子に負けないよう、立派な社会人になるよう、一生懸命療育に励んでいた。一方、父は、「成長とともに何とかなるさ」と楽観的だったため、父母は教育方針の不一致によりけんかが増え、離婚。父は、仕事をしながら長男を育てることは難しいと感じていたが、父親として、長男を障害に負けない、たくましい子どもに育ててやりたいという気持ちをもっていた。そのため、泊りがけでキャンプや釣りにいけるよう、宿泊付きの面会交流を求めていたが、母は、長男が発達障害であることを理由に拒否していた。

(1) 別居親の代理人が押さえておきたいポイント

　子どもの体調や発達特徴に配慮できていない面会交流は、長続きせず、遅かれ早かれ破たんします。そのため、同居親から、体調や発達特徴を理由と

Ⅲ　子どもの事情を理由にする拒否

する拒否が主張された場合、その主張の内容を検討し、別居親の希望を修正していく作業が求められます。

　(ア)　母の主張する発達障害の内容を検討する

　母は、長男が発達障害であることを理由に拒否をしていますが、具体的に何が懸念点なのかが主張されていません。母や母の代理人にその点を確認し、父が知っている同居当時の子どもの様子などと比較し、過度の心配なのか、当然の心配なのかを検討していきます。ただ、母の心配があまりにも的外れでない限り、母の子を心配する気持ちをくんだ修正案を作成することをおすすめします。父が「そんな心配は必要ない」と言ったところで、母が納得するとも思えず、「会えない期間が長くなるだけ」という結果になりかねません。

　(イ)　修正案の作成

　母の心配を考慮した修正案を作成していきます。父は、将来、長男とどのようにかかわっていきたいか、そのためにどのような面会交流をしていきたいか、といった具体的な希望をすでにもっています。そのため、その希望と母の心配が相容れるような形での面会交流を提案していきます。たとえば、泊まりがけやキャンプといったハードルの高い内容でなくても、子どものたくましさを育むことはできます。まずは日帰りのデイキャンプから始めるとか、何かあればすぐ帰宅できるような近場で登山やハイキングなどでもよいかもしれません。

　(2)　同居親の代理人が押さえておきたいポイント

　同居親の心配が「あり得もしないこと」や「心配しすぎ」なのではなく、実際に子どもに起こりうる懸念であることを別居親に理解してもらうことが大切です。別居親側から修正案が出てくるかもしれませんが、同居親としても、子どもの福祉に即した代替案を積極的に提案していきましょう。

　(ア)　母の懸念点を具体的に聴取する

　母は、長男の発達障害を理由に宿泊付きの面会交流を拒否していますが、具体的に、何がどう心配なのかを聴取し、父に伝える必要があります。たと

123

えば、発達障害の子どもは、自分なりのこだわりや約束事があることがあります。たとえば、寝具はこれでないとだめだとか、布団に入る前の手順が決まっていたりと、いつもと違う環境では寝られないことがあります。また、小学校入学を控え、毎日の生活のリズムをつくっているところなので、泊りがけの遊びは控えたいという事情があるかもしれません。また、思わぬことでパニックになってしまうので、そばに監護親である母がいないと心配なのかもしれません。

　　(イ)　代替案の提案

　具体的な懸念材料がわかっていれば、おのずと父に提案する代替案がみえてきます。寝る前の手順にこだわりがあるのであれば、それを父に伝えることでクリアできるかもしれません。また、生活のリズムの安定を大切にしたいのであれば、小学校入学後、生活が落ち着いた時点で宿泊を再検討するという案でもよいかもしれません。母の宿泊拒否に対し、父がすんなり応じてくれればよいのですが、父があくまで宿泊にこだわる場合は、このような代替案の提示が必要になってきます。

3　子どもが同居親と離れられないことを理由にする拒否

- 子どもがまだ同居親から離れられないくらい幼少の場合、別居親と子どもだけでの面会交流が難しいことがあります。
- この場合、何らかの理由で同居親が同席を拒否してしまうと、面会交流そのものが難しくなってしまいます。
- 子どもはとても柔軟な存在で、すぐに変化を受け入れる側面があります。たとえば、保育園に預けられる子どもたちも、親と別れるときは号泣したりもしますが、親の姿が見えなくなると、すぐに泣き止んで遊び始めたりするものです。そのため、本来、多少泣いたとしても、慣らし保育のように、別居親との面会交流を進めていくことが可能で

す。しかし、信頼関係のない別居親に泣いているわが子を預けるほど、同居親は寛容ではありません。

事例9

父：35歳　　母：38歳、長男：1歳

　父の浮気により離婚。同居当時から、専業主婦である母が中心となって長男の育児にあたっており、父は長男と二人で出かけたことさえない。父としては、どのような形でもよいので、とにかく長男と面会交流がしたいと考えているが、母は、子どもが小さく、母から離れられないことを理由に拒否している。母は、特に父からDVなどがあったわけではないが、受渡しだけならまだしも、面会交流の間、離婚した相手とずっと顔を合わせているなんて耐えられない、と付添いを拒否している。

(1) 別居親の代理人が押さえておきたいポイント

　泣き叫ぶ子どもを同居親から引き離してまで面会交流をさせることはできません。しかし、この時期の子どもはかわいい盛りです。しかも、成長が早いため、会えない期間が長くなると、大切な成長の過程を見逃してしまいます。そのため、いかに子どもの負担なく、かつ、早期に直接的面会交流を実現するかが課題です。

(ア) 第三者機関の利用を含む、具体的な面会交流の方法を提案

　保育園や幼稚園に通ったことのない3歳未満の子どもとの面会交流は、ときに、同居親抜きで実施するのが難しいことがあります。保育園や幼稚園に

通った経験がないということは、基本的には同居親と離れたことがないことを意味し、子どもは、同居親の姿が少し見えなくなっただけで泣いてしまったりするからです。残念ながら、この事例の父のように、子どもとの関係性が薄いと、父単独の面会交流は、子どもに負担を強いることになります。また、別居後、会っていない期間が長かったりすると、そもそも子どもが父のことを忘れてしまうこともあり、父単独での面会交流は母が主張するように難しいことが想定されます。

そのため、第三者機関やその施設を使い、子どもを少しずつ場所や人に慣れさせていくという過程が必要です。また、「どのような形でも会いたい」ではなく、なるべく具体的に主張する必要があります。この事例の場合ですと、1回30分程度から始め、慣れてくると1時間、2時間と増やしてもよいかもしれません。

　(イ)　第三者機関を利用した暫定的・試行的面会交流の実施

このように、最初の慣らし段階の面会交流は、時間がかなり短いところから始めるのが基本です。同居親から離れると泣いてしまう子どもに対し、いくらうまくごまかしつつ遊んだとしても、2時間ももつはずはなく、最終的に子どもを泣かせてしまったり、疲れさせてしまったりして、「面会交流の失敗」という結果を生んでしまうからです。

それよりも、短い面会交流を重ね、「面会交流の成功」という実績を積んでいくことが必要になってきます。この部分を調停条項や離婚公正証書で作成しようとすると、大変複雑なものになってしまいます。そのため、何度か第三者機関を利用したうえで、最終的な面会交流の条件について定めるという方法をとるのがおすすめです。

(2)　同居親の代理人が押さえておきたいポイント

家庭裁判所において、「同居親と離れられない」という拒否理由が語られた場合、多くは、試行的面会交流を実施し、子どもが同居親から離れても泣かないか試したり、別居親と子どもの交流の状況を確認したりします。しかし、小さい子どもを抱える同居親にとって、家庭裁判所での調停や試行に応

じるのは心身ともに大変な疲労が伴い、できれば避けて通りたい道です。また、子どもの記憶は、3歳からしか残らないともいわれています。もし、1歳の子どもがそうした年齢に達しないうちに別居親との面会交流が途絶えてしまったとすると、その子どもの記憶の中には別居親が存在しないことになります。

　初期段階の情報提供として、面会交流が子どもの福祉に影響すること、同居親にもメリットがあることなどを伝えておくことも大切です。そのうえで、同居親にも子どもにも負担が少ない形での面会交流を早期に実現することが求められます。

　　(ア)　子どもの状況を詳細に聴取

　同居親が「子どもが幼少のため同居親と離れられない」と主張している場合、子どもの発達の様子や日常生活の様子を聴取し、同居親と子どもを引き離すことがいかに子どもの負担になるかを説明できるようにします。たとえば、この事例の場合、「ママがトイレに入っている間も、ドアの前で待っている」とか、「児童館に遊びにいっても、他のママが抱こうとすると泣き出す」といった具体的なエピソードで説明すると、状況がわかってもらいやすいでしょう。

　　(イ)　母に面会交流の必要性やメリットをわかってもらい、代替案を作成

　子どもが母から離れられなかったとしても、まったく面会交流を認めないのは、子どもの福祉の視点からも好ましいとはいえません。母は、面会交流を拒否していますが、母にとっても、子どもにとってもメリットがあることを理解してもらうことが必要です。そのうえで、代替案を提案していくことになります。

　第三者機関を利用するのが王道ですが、金銭的な問題で難しい場合は、母の親族に同席してもらう方法もあります。また、父母間にDVなどがなく、単に感情的に会いたくないだけなのであれば、最初の数回は短時間だけ我慢し、母自身が同席するという方法も考えられます。また、子どもが早く父に

慣れるように、日頃から、父の写真や動画を子どもに見せておくという準備もできます。父のためにそこまでする必要があるのか、という母の反感を買いそうですが、それほどまでに、面会交流が子どもや母にもたらすメリットは大きいといえます。

Ⅳ　その他

> **代理人お役立ちポイント！**
>
> 　面会交流は、いうなれば親と子が会うだけのことなのですが、実にさまざまな理由で同居親に拒否されることがあります。次は、よくありがちな再婚と養育費不払いを原因とする拒否をご紹介します。

1　再婚をきっかけとする拒否

- 同居親が再婚をきっかけに面会交流を拒否することがあります。
- 拒否の理由としては、新しい家庭に早く馴染んでほしいとか、新しい家庭が落ち着くまでそっとしておいてほしいといったことが語られます。このような拒否の背景には、新しい配偶者への気兼ねや再婚家庭の不安定さがあったりします。

事例10

母：40歳　　父：38歳、長男：7歳
　　　　　　義母：30歳、義兄：9歳

　父母は、長男の親権者を父と定めて離婚した。離婚後、長男と母との面会交流が実施されていたが、父は自身の再婚をきっかけに、何かと理由をつけ

て面会交流をキャンセルするようになった。おかしいと感じた母が父を問い詰めたところ、父は、「新しい家庭が落ち着くまでそっとしておいてほしい」と説明した。しかし、母にしてみれば、再婚家庭が安定しないときこそ、実母として長男を支えてやりたいという気持ちがあった。

(1) 別居親の代理人が押さえておきたいポイント

別居親の事情によらない面会交流の中断は、子どもがいかに面会交流を楽しんでいたかを同居親に知ってもらうことが大切です。しかし、子どものつらい状況を放置したままでは、いずれ面会交流は破たんします。子どもの置かれた状況に配慮しつつ、別居親としても納得できる代替案を提案していくことになります。

⑺ 別居親から面会交流時の様子を聴取

この事例のように、うまくいっていた面会交流が中断された場合、別居親から過去の面会交流の様子について聞くことから始めます。「子どもはいつも楽しそうにしていました」という程度ではなく、「いついつの面会交流はどこに行き、どんなことをした。子どもはどんな様子だった」ということを詳しく聞いていきます。このような作業を綿密に行うことで、同居親の気づきを促すことができるからです。また、交流中の写真や動画があれば、それもあわせて主張すると、より説得力が増します。

というのも、多くの子どもたちは、面会交流が楽しかったことを同居親には話さないからです。同居親の心情を察知し、わざわざつまらなかったことだけをピックアップして報告する子どももいます。そのため、面会交流を通して、子どもがいかに楽しい経験をしていたかということを同居親に伝え、面会交流の重要性に気づいてもらうことが必要です。

⑻ 同居親に詳細な情報を求める

ただ、面会交流が楽しいことと、帰宅後につらい思いをすることとは、また別問題です。「うまくいっていたんだから再開すべき」の一点張りでは、長男をもっとつらい立場に立たせてしまうかもしれません。「新しい家庭が

落ち着くまでそうっとしておいてほしい」では、実態がよくわかりませんので、具体的に問題になっている点について、父に情報を求めましょう。

　(ウ)　代替案の提示

「そんなときこそ、そばにいてあげたい」という母の気持ちに寄り添いつつ、穏やかな解決方法を模索していく必要があります。たとえば、当面は、母が行事の参観に出向くなど、一方通行の面会交流の方法にしたり、ラインやメールのやりとりなど、義母や義兄の目につかないところでできる間接的面会交流を実施するなどの方法が考えられます。

(2)　同居親の代理人が押さえておきたいポイント

再婚家庭では、さまざまな家族力動が発生し、複雑な問題が生じていることがあります。まずはその問題の所在を把握し、同居親や子どものつらさが軽減されるような解決の方法を探っていくことが大切です。

　(ア)　同居親から事情を聴取

まずは、同居親が困っていることを具体的に聴取します。父が再婚相手やその連れ子に後ろめたい気持ちを抱いているだけなのと、長男が義母や義兄の手前、面会交流に行きたくないと思っているのとでは、アプローチが違ってくるからです。

　(イ)　同居親への情報提供と代替案の提示

もし、同居親の事情で中断を希望しているのであれば、「そのような事情は制限・禁止事由にはならない」ことを父に伝え、父や長男の負担にならない再開の方法を模索していくことになります。一方、長男自身が面会交流をすることで、つらい気持ちになっているのであれば、それを別居親に理解してもらう必要があります。再婚家庭で味わう複雑な気持ちは、なかなか言葉にして説明しにくかったり、同居親にも本音が話せなかったりするものです。そのため、ぜひ、長男と面接し、気持ちを聞いてあげてください。何度も繰り返しますが、子どもの生の声は何よりも母の心に届くはずです。それでも母が諦めてくれない場合は、再開の時期や間接交流の方法などを提案していくことになります。

2 養育費不払いを原因とする拒否

- 本来、養育費と面会交流はまったく関係のない別個の権利と義務です。
- しかし、「子どもの親なんだから会う権利がある」と主張する別居親が、親の義務である養育費を支払っていなければどうでしょうか。
- 支払能力があるのに支払っていない場合は論外ですが、やむを得ない事情で支払えていない場合でも、同居親にとっては複雑な思いがあります。

事例11

父：40歳　　母：38歳、長男：3歳

　父母は、性格の不一致を理由に離婚。離婚後、父と長男との面会交流が問題なく行われていた。しかし、父は、転職により給料が下がってしまい、養育費の支払いが滞りがちになった。すると、母も、何かと理由をつけて面会交流をキャンセルするようになった。そして最終的に、母は、「親の義務を果たしてくれない人に子どもを会わせたくない」と面会交流を中断してしまった。

(1) 別居親の代理人が押さえておきたいポイント

　過去の面会交流に問題がなかったことを同居親に理解してもらうことが大前提です。しかし、面会交流という最大の目的のためには、別居親に養育費の支払いを促すなど、事案全体からみたアドバイスが求められます。

(ア)　**父から面会交流時の様子を聴取**

　先の事例と同じく、これまでの面会交流の様子を詳細に聞き、長男が面会交流を楽しんでいた様子を母に伝えることが大切です。写真や動画があれば添付する点も同様です。養育費だけでなく、子どもにとっては面会交流も大切であることを母に理解してもらうのが目的です。

　(イ)　**養育費**についても母に説明

　しかし、母のように「親の義務を果たさず、権利ばかり主張しないでほしい」と感じる同居親が多いのも事実です。そのため、父に養育費の支払いを促すことも大切です。どうしても支払能力がない場合は、支払いができない事情や、支払いを再開するためにどのような努力をしているか、支払いの時期はいつ頃になりそうか、といったことを誠意をもって母に説明することが必要です。

　(2)　**同居親の代理人が押さえておきたいポイント**

　養育費を支払わない別居親に子どもを会わせない行為は、先ほど説明した「懲罰的拒否」に似ています。しかし、子どもにとっても同居親にとっても、面会交流はメリットがたくさんあります。養育費もない、面会交流もなし、となるとダブルパンチであることを同居親に理解してもらうことが早期解決のポイントです。

　(ア)　**養育費の不払いは拒否理由にならないことを説明**

　母に対し、面会交流と養育費は別個の問題であることを一般知識として説明したうえで、そうは言っても、生活の糧でもある養育費が滞る不安や不満に寄り添うことが大切です。

　家庭裁判所の調停でも、同居親が養育費の不払いの問題を持ち出すと、「養育費は別の問題です」と説明します。しかし、一方で、別居親に対しては、調停委員が養育費の支払いを促したりしますし、「会いたいなら養育費の不払いは解消しないと」という雰囲気になったりします。それだけ、養育費と面会交流は切っても切れない関係にあるということを家庭裁判所も理解しているということだと思います。

(イ) 面会交流は経済的メリットもあることを母に理解してもらう

　そして、面会交流を継続する経済的メリットについても情報提供を行います。感情的になっている同居親は、なかなか冷静に考えることができません。しかし、実は、面会交流を実施することによる、同居親の経済的メリットも大きいのです。たとえば、いまどき、どこに遊びにいっても入場料が高くつきます。また、外出の際の交通費や外食費だってかかります。さらには、おもちゃ代だってばかになりません。しかし、面会交流をしていれば、同居親がお金を出して子どもを遊ばせてやったり、おもちゃを買ってやる回数が減り、出費削減につながるのです。また、子どもに会えていれば、別居親に養育費の未払いを意識させることになり、早期の支払い再開につながることもあります。

現場から ❖ 面会交流のルールはほどほどに……

　比較的年齢が低い子どもを預ける同居親にとって、心配事や不安がたくさんあるのはよく理解できます。しかし、あまりルールが行きすぎると、別居親に対する「言いがかり」のようになってしまいます。

　たとえば、あらかじめ面会交流の場所を同居親に伝える約束になっていたとして、上野動物園に行くと約束していたのに、子どもの要望によって近接する科学博物館の恐竜展を見にいったとしたらどうでしょうか。これを同居親が「ルール違反だから今後の面会交流は認めない」と主張してしまうと、別居親としては、納得がいかないかもしれません。

　また、自動車で移動することが多い場合、どうしても道路事情により時間が前後することになります。時間に余裕をみて行動し、早く着けばその場で同居親の迎えを待つという方法もあるかもしれません。しかし、限られた時間の中で、時間を有効に使ってめいっぱい遊びたいという別居親や子どもにすれば、待ち時間は無駄に感じるものです。そのため、遅れそうなときは事前に電話をする、という程度にしておいたほうがよいかもしれません。

　また、安全配慮についても、運転中にスマホを見る別居親に対し、運転中は見ないというルールを設けたいという同居親がいます。確かに、運転中にスマホを見るのは危ない行為です。常識といえば常識です（道路交通法上の罰則もあります）。このスマホの例のように、常識と思われるルールを次々に追加していくと、どういうことが起こるかご存知ですか？　答えは、「子どもが別居親のあら探しをし始める」です。同居親は、子どもから「ママね、今日も運転しながらスマホ見てたよ」とか、「またパパちょっとお酒臭かったような気がする」などと報告を受けると、鬼の首をとったかのような態度で別居親に抗議をします。それを見た子どもが、「悪いことを報告すれば喜んでもらえる」と感じ、面会交流中に小さなあら探しを始めてしまうのです。こうなっては、子どもも別居親も面会交流を楽しめません。ルールは必要十分な範囲にしておきましょう。

第7章

拒否事例に学ぶ早期解決のための交渉術2
─子どもの拒否─

Ⅰ　別居親が原因の拒否
Ⅱ　父母の紛争に関連した拒否
Ⅲ　その他

I 別居親が原因の拒否

> **代理人お役立ちポイント！**
>
> 子どもは、本来大好きなはずの親との面会交流をやみくもに拒否したりはしません。子どもの拒否の原因が別居親の言動にある場合、その言動の不適切さや子どもの傷つきの程度によっては、禁止・制限事由にあたることがあります。その見極めが最大のポイントです。

1 同居当時の関係性を理由とする拒否

- 同居当時から別居親との関係が良好でない場合、当然ですが、別居後も会いたいという気持ちは湧いてきません。
- 明らかな虐待行為があった場合はもちろんですが、高圧的な親や教育熱心すぎる親も嫌がられる傾向にあります。親は「指導的」で、「教育熱心」なつもりでも、子どもにとっては「恐怖」や「教育虐待」だったかもしれないからです。
- 遊んでもらって楽しかった思い出がない子どもも拒否しがちです。年齢が上がるほどこの傾向は高まり、「遊んでもおもしろくない親と遊ぶより、友人と楽しく過ごしたほうがいい」ということになるようです。

Ⅰ　別居親が原因の拒否

事例12

父：35歳　　母：38歳、長男：10歳

　父は、自分が学歴に劣等感があったことから、長男には同じ思いはさせたくないと考えていた。そのため、長男が小学生になってからは、毎朝5時から勉強をさせた。勉強中、長男が同じ問題を間違えたりすると、声を荒げて怒ったり、時には叩くこともあった。また、テストの点数が悪いと「お前はどうしようもないバカだな」とか、「あんなに勉強しているのに脳みそがないのか」ときつい言葉で長男を罵った。長男は、父がいるといつも緊張し、自由に振る舞うことができなかった。父母の離婚後、母から「お父さんが会いたがっている」と聞かされたが、長男は会う気持ちになれなかった。母は、父に「子どもが嫌がっているから会わせられない」と伝えたが、父は長男への思いを諦められなかった。

（1）別居親の代理人が押さえておきたいポイント

　教育虐待とも思われる事例が増えていますが、虐待なのか、教育なのか、判断が難しいところがあります。ただ、重要なのは、虐待かどうかという客観的な判断ではなく、子どもがどう感じていたかを認識することです。同居親からの情報も含め、同居当時の別居親と子どもの関係を正しく理解し、そのうえで、親子関係を改善していけるような段階的な面会交流を提案することが求められます。

　㋐　同居当時の父子関係を客観的に把握する

　同居当時の父子関係について、別居親から詳細に聴取するとともに、同居親の主張もあわせて検討します。この事例の父は、「悪いことをした」とい

139

う認識がないと思われるので、「いつも勉強を教えてやっていた」とか、「子どもも頑張ってついてきていた」などとプラスの見方しかしていないかもしれません。その父の行為を子どもはどう思っていたのか、母からの情報提供が必須です。

　(イ)　**父子関係が良好な部分に注目し、面会交流につなげる**

　この事例のような場合、長男の拒否も理解できるところであり、長男の年齢を考えると、無理強いもできません。しかし、父子関係の良好だった部分をヒントに、面会交流の方法を探っていくことができるかもしれません。たとえば、サッカー観戦という共通の趣味があり、そのときばかりは長男も喜んで父と出かけていたとか、母という仲裁役がいれば、安心して父と触れ合っていた、ということが出てくるかもしれません。そのうえで、まずは、間接的な面会交流や、ごく限られた形での面会交流を提案していくことになります。

　(ウ)　**別居親に子どもの福祉の視点をもってもらう**

　父としては、子どもが自分を拒否することなど信じられず、会いたい気持ちが抑えられないかもしれません。しかし、性急な要求は、父子関係を修復不可能なまでに悪化させ、将来の望みを絶ってしまうことにもなりかねません。父に対し、別居親の「会う権利」だけではなく、子どもの福祉の観点も重要であることを理解してもらう必要があります。

　(2)　**同居親の代理人が押さえておきたいポイント**

　まずは、代理人自身が子どもの気持ちや同居当時の別居親の言動を正確に把握することが必要です。そのうえで、子どもの拒否の原因となっている別居親の言動が、面会交流を禁止・制限する事由にあたるかどうかを考えなければなりません。ただ、子どもの拒否がもっともだったとしても、完全に関係を絶ってしまえばよいとは限りません。子どもが会いたくなったときに会えるようなパイプをつくっておくことも大切です。このことは、子の福祉の観点からのみではなく、子どもを育てる同居親にとっても、子育て上のメリットをもたらします。

(ア) 長男から父子関係について聴取

父は、どれだけ長男がつらかったか、思い至っていないかもしれません。そのため、できれば、母から事情を聞くだけでなく、長男からも話を聞いてみてください。母からの情報より、長男の生の声のほうが断然父に伝わりやすいものです。

(イ) 父母の話を客観的に理解する

おそらく、母は、父の言動のよくなかった部分や父子関係のまずかった部分を強調すると思われます。逆に、父は、父子関係が良好であったことを強調し、自分の不適切な行為については、言い訳をするかもしれません。それらの情報と子どもから聴取した内容を総合的・客観的に理解し、全体像を把握することが必要です。

(ウ) 完全に拒否するのか、代替案を提案するのかを判断する

別居親の言動が虐待にあたると思われ、子どもの拒否も強い場合、面会交流の禁止・制限事由にあたることを主張していくことになります。一方、そこまでではないけれど、今すぐ会うのは子どもの負担になる場合もあります。そのような場合、父に謝罪の手紙を書いてもらい、長男の気持ちをほぐしたのち、間接的な面会交流を段階的に開始するなど、代替案を提案していくことになります。

2　別居時・別居後の別居親の言動を理由とする拒否

・同居当時の親子関係が良好であったからといって、別居後もそれが保たれているとは限りません。
・別居の際の激しい夫婦喧嘩を見て傷つく子どもや、出ていった親に捨てられたと感じる子どももいます。しかし、別居親はその変化を知らないため、同居親が言わせているとの批判につながったりします。

事例13

母：35歳　　父：38歳、長女：10歳

　父母は、母の不貞が原因で離婚。長女は、父母のけんかの際、父が「おまえは〇〇（長女の名前）を捨てて出ていくのか」とどなっているのを聞いてしまった。これまでの母子関係は良好で、長女は母が大好きであったことから、とてもショックを受けた。そして、長女は、荷物をまとめて出ていこうとする母に「行かないで」と懇願したが、聞き入れてもらえなかったことから、さらに「私は捨てられた」という気持ちを強めていた。また、母がいないことを友人にからかわれたりと、つらいことも続いた。そのため、いつしか、長女は母を憎むようになっていた。父から、母が自分に会いたがっていることを聞いたが、長女としては「どうして今さら」という気持ちが強く、母とは会いたくないと伝えた。

(1) 別居親の代理人が押さえておきたいポイント

　両親の別居というのは、子どもにとっても、大きな心情の変化をもたらします。そのため、別居後、大好きだった親を拒否するようになったり、会いたくないと感じることもあります。まずは、「そんなはずはない」という別居親に対し、子どもに負担がない形で開始することが、将来の良好な親子関係につながることを理解してもらう必要があります。

㋐　子どもの年齢によっては、別居親の代理人が直接話を聞くという方法もある

　母から同居当時の母子関係を聴取したとしても、「あの子は私が大好きでしたから、『会いたくない』なんて言うはずがありません」といったたぐい

の情報しか出てきません。というのも、別居後の子どもの気持ちの変化について、母が知るすべはないからです。そのため、父からの情報収集も必要となってきます。

　また、可能であれば、長女本人から話を聞かせてもらうという方法もあります。別居親の代理人が子どもから話を聞くのは簡単ではありませんが、同居親にニーズがある場合、実現することがあります。そして、その結果、「会いたくない」という一辺倒な回答ではなく、父母双方が考えさせられるような子どもの気持ちが聞かれることもあります。

　　(イ)　段階的な面会交流を提案

　そうやって情報を収集したうえで、どのような会い方ができるか、母と相談することになります。長女の傷つきを癒し、良好だった母子関係を取り戻す過程が必要になりますので、いきなり最大級の要求をせず、段階的な面会交流の提案をするほうがよいと思います。まずは手紙を書き、長女の誤解を解く方法がよいかもしれません。また、何も謝罪しなくても、短い時間の面会交流を続けることで、自然と関係が改善するかもしれません。

　(2)　同居親の代理人が押さえておきたいポイント

　別居後の子どもの心情の変化は、同居親しか知り得ません。そのため、いくら「子どもが会いたくないと言っている」と主張したところで、同居親が言わせていると思われてしまいます。子どもの生の声をいかに別居親に届けるかがポイントになってきます。また、直接会うことが難しい場合でも、将来へのパイプをつないでおくことが、子どもの健全な成長につながり、ひいては同居親のメリットとなることも他の事例と異なりません。

　　(ア)　父および長女から拒否の事情や同居当時の母子関係を聴取

　まずは父から聞きますが、可能であれば、長女本人に会って話を聞いておきます。父からの情報と長女本人の生の声では、説得力が違います。また、同居当時の母子関係についても父や長女から聴取しておきます。そうすれば、別居後の長女の心情の変化を知らない母が、長女の拒否をどのように受け止めているかを予想することもできます。

(イ) 代替案を用意しておく

　ただ、この事例のように、同居当時の関係がよかった場合、別居親としては、子どもの拒否を受け入れがたく、何とかして関係を修復したいと試みるものです。また、子の福祉の観点からも、長女が母を憎み続けたまま成長するのと、母を許すことができるのとでは大きな違いがあります。そのため、子どもの負担が軽く、将来につながるような方法を代替案として用意しておくことも大切です。

Ⅱ 父母の紛争に関連した拒否

> **代理人お役立ちポイント！**
>
> 　子どもは、大好きな親の様子を常に観察し、感じています。そのため、自分も同居親といっしょになって別居親と闘っている気分になってしまったりします。また、両親のけんかに巻き込まれまいと必死に抵抗することもあります。そのような子どもの気持ちを「子どもは別居親を嫌っている」、「同居親が言わせている」と争っても仕方がありません。父母双方が子の福祉の視点をもつことが早期解決への近道です。

1　同居親への気遣いによる拒否

- 「別居親に会ってほしくない」と口に出してしまう同居親は論外ですが、言わなかったとしても、子どもは同居親の気持ちをいろいろな形で感じとります。そもそも、同居親が「もういっしょには住めない」と判断した別居親に自分だけ会いにいくことは簡単ではありません。
- 同居親の「会ってほしくない」と思う気持ちを察知した子どもは、往々にして拒否に傾きやすかったりします。
- 子どもが幼い場合、同居親の気持ちと自分の気持ちを同一化してしまい、自分も会いたくないという気持ちになってしまう子どももいます。
- 別居親にとっては、このような事情は理解しがたく、同居親が言わせているのではないかとの批判につながりがちです。

事例14

父：45歳　　母：38歳、長女：8歳

　父母は父のモラハラが原因で離婚。母は、長年にわたって圧迫された生活を強いられており、離婚後もうつ症状が出たり、精神的に不安定になることがあった。また、長女は、母の様子から、母は父と二度と会いたくないと思っていること、できれば長女にも会ってほしくないと思っていることを感じとっていた。そのため、母は、「あなたが会いたければ、パパに会ってもいいのよ」と言ってくれたが、長女としては、言葉のとおり受け取ることができなかった。父は長女には優しかったことから、父母の別居後も父に会いたいという気持ちはあったが、母のことを考えると、長女は「会いたくない」と言うしかなかった。

(1) 別居親の代理人が押さえておきたいポイント

　子どもの拒否が同居親の影響だと思われる場合、ついつい同居親を非難したくなります。しかし、同居親を非難するだけでは問題は解決しません。そもそも、同居親から影響を受けない子どものほうが少ないかもしれません。また、精神的に不安定な同居親を責め立て、監護の質が下がってしまっては、元も子もありません。

　しかし、子どもと会えない別居親は、被害感があったり、会いたい気持ちが強く、問題解決の全体像が見えないことがあります。代理人には、そんな別居親の気持ちを理解しつつも、全体像を見据えた解決が求められます。

　(ア)　長女の拒否の理由を把握する

同居当時の父子関係について父から聴取した内容や、母の主張を総合し、長女の拒否の理由を考えていきます。同居親の影響を受けた拒否の場合、拒否理由として語られやすいのが、同居当時の別居親の同居親に対する言動です。

　たとえば、この事例のような場合、「いつもパパがママをいじめていたから」とか、「パパのせいでママが泣いてたから」といったことが語られます。しかし、父としては、同居当時の自分の言動には正当な理由があると思っていますし、そもそも、同居当時は父子関係に問題がなかったわけです。そのため、「母親が言わせている」とか、「母親が間違った情報を長女に伝えるからだ」と批判したくなります。しかし、批判したところで長女の拒否は変わりません。ここでは、長女が母を気遣って面会交流を拒否しているようだという理解にとどめておきます。

　(イ)　長女や母の負担感が少ない会い方や試行的面会交流の提案

　このような場合、まずは、1時間程度、近所の公園で遊ぶなど、短時間で特別感のない面会交流を提案すると、長女が受けれやすかったりします。また、暫定的・試行的面会交流の実施を求め、「会っても大丈夫」という実感を長女にもってもらうことも考えられます。

　さらには、長女は母の不安にシンクロしていますので、母の不安や負担が軽減するような工夫も考えられます。たとえば、待ち合わせについて、長女が一人でも来られてかつ自宅から近すぎない場所に設定するなどの工夫です。同居親に配慮するのは、ひいては別居親が円滑に面会交流を実施するためだということを別居親に理解してもらう必要があります。

　(ウ)　家庭裁判所の調停申立てを検討

　しかし、これらの案さえも母が応じないない場合、家庭裁判所に調停を申し立てることを検討します。通常、調停は長期化しやすく、おすすめではありません。しかし、こうした事例のような場合、調停になれば、家裁調査官が長女から話を聞いたり、試行的面会交流を実施したりと、何らかの形で解決を見出すことが期待できます。

(2) 同居親の代理人が押さえておきたいポイント

ほかの事例と同様、調停や審判になれば「会わせなさい」という結論が見通される場合、同居親に早期に情報提供し、同居親や子どもの負担のない形での面会交流を提案していくのが鉄則です。また、この事例のように、母が精神的に参っていたり、不安定になりやすい場合、紛争をより一層早期に解決することが同居親の利益につながるという視点が求められます。

(ア) 長女との面接が重要

まずは、母から、長女がなぜ父と会うことを嫌がっているのか、その理由を聴取します。あわせて、同居当時の父子関係についても聞いておきます。そうすれば、長女の拒否が父も納得できる理由によるのか、何か他の事情によるのかを判断することができます。

この事例の場合、長女は、母への遠慮や配慮から、「会いたくない」と言っています。しかし、いくら母が事情を聞いても、長女は母に本心を語れないでしょう。また、母としても、内心ほっとしているかもしれず、それ以上長女に尋ねることはしないでしょう。そのため、こういう事例のときこそ、代理人が直接長女に会い、拒否の理由を聞くことが大切です。長女は、母本人には言えなくても、代理人が上手に聞ければ、「本当は会ってもいいと思っているけれど、母の手前、それは言えない」という気持ちを相談してくれるかもしれません。

(イ) 代替案の提示

父が調停を申し立てた場合、長女の調査や試行的面会交流の実施が予想され、母の精神的な負担が増すことになります。そのため、母や長女が受け入れやすい面会交流の案をあらかじめ父に提案し、調停前の解決を図ることが重要です。長女との面接の際、「どんな会い方であればよいか」ということをあわせて聴取しておけば、代替案の作成がしやすくなります。

2　親の紛争に巻き込まれないための拒否

・自分が別居親に会うことで、父母の新たな紛争を招くくらいなら、会わないほうが楽だと感じる子どももいます。
・同居当時から父母のけんかにさらされている子どもは、別居により父母のけんかからようやく解放されます。それなのに、面会交流をめぐって、父母が電話口でけんかしているのを聞いてしまったり、調停から帰ってきた同居親が暗い表情をしているのを見ると、面会交流そのものが諸悪の根源だと感じてしまいます。

事例15

母：35歳　　父：38歳、長女：10歳

　同居当時から、父母は頻繁に夫婦げんかをしており、その程度もかなり激しいものであった。長女は、父母のけんかが始まると、子ども部屋にこもって扉を閉めていたが、それでもけんかの声が漏れ聞こえてくるため、怖くて泣いてしまうこともあった。父母の離婚後、しばらくは穏やかな時間が流れていたが、母が長女との面会交流を求めたのがきっかけで、父母は再度対立するようになった。長女は、協議から帰ってきた父が、「今さら会いたいなんて図々しい奴だ」と怒っているのを聞くこともあった。また、会いたい気持ちを我慢できない母が自宅に押しかけ、怒った父が警察を呼ぶこともあった。長女は、自分が母に会えば、父母の紛争が再燃するように思い、面会交流が悪いことのように感じた。長女は、母に会いたい気持ちもあったが、その気

持ちを我慢することにした。とにかく、大人のけんかに自分を巻き込まないでほしいという腹立ちに似た気持ちが強かった。そのため、父には、「私は関係ないから会わない」とだけ伝えた。

(1) 別居親の代理人が押さえておきたいポイント

父母の紛争に子どもが巻き込まれている場合、同居親だけではなく、別居親の言動にも問題がみられる場合があります。別居親に対し、理性的な言動を促し、これ以上子どもの感情を悪化させないことが、ひいては円滑な面会交流につながることを理解してもらう必要があります。

(ア) 長女の拒否の理由を把握する

子どもの拒否を理由に同居親から面会交流を断られたときの基本は、同居当時の別居親と子どもの関係を詳細に聞いたり、同居親から提供された情報をもとに、子どもの拒否理由を正確に把握することです。この事例の場合、長女は「私は関係ないから会わない」と言っていますので、同居当時の父母のけんかの激しさや、別居後も警察沙汰になったことなどを考え合わせると、「私は関係ない」＝「私を巻き込まないで」という主張だと理解できると思います。

(イ) 長女の負担感が少ない会い方や試行的面会交流の提案

10歳の長女が頑なに拒否した場合、別居親に問題がないからといって、調停や審判で面会交流が認められるとは限りません。また、無理やり会うことを決めたとしても、長女は来てくれないかもしれません。そのため、まずは、長女が母に会っても父母はけんかをしない、という体験を重ねることが大切です。そのため、父や長女が受け入れられるような限られた形での面会交流案を提案することも考えられますし、学校の授業参観や行事の観覧といった一方通行の面会交流でもよいかもしれません。

(ウ) 母にも自省を求める

この事例のように、父母の紛争に巻き込まれたくないという心情が拒否の理由である場合、その責任は父母双方にあり、父母が協力して問題を解決し

ていかなければなりません。母がこの点を理解し、言動に気を付けることができれば、それによって子どもの気持ちがほぐれる場合もあります。母に対し、突然押しかけるなどの行動を慎むよう注意しておくことも必要です。

(2) 同居親の代理人が押さえておきたいポイント

子どもが父母の紛争に巻き込まれたくないがために面会交流を拒否している場合、依頼者である同居親の利益とは、「会わせなくてよい」という結果を勝ちとってくることでしょうか。私にそうは思いません。父と長女の将来にわたっての良好な父子関係のためには、たとえ細くても、母子間のパイプをつないでおいたほうがよいはずです。また、長女の健全な成長が父の利益でもあると考えれば、父に「子の福祉の視点」をもってもらうような促しも必要だと思われます。

(ア) 長女との面接

長女の拒否理由を把握するためには、長女から直接話を聞くのが一番です。ただ、紛争に巻き込まれたくない子どもの場合、少し怒ったような、投げやりな言動がみられることがあります。また、自分が言ったことが紛争の種になるのでは、という不安を抱えていることもあります。そのため、より一層、注意深い面接態度が求められます。

(イ) 情報提供をしたうえで、進行を相談する

もし、父が、ずっと「会わせたくない」の一点張りで、母もひかなかった場合、おそらく調停になり、夫婦間の葛藤はさらに高まります。そして、家裁調査官が子どもの意向調査などを行う可能性も高く、長女の「巻き込まれ感」も高まります。挙句の果てには、父子関係が悪化したうえ、「会わせなさい」という審判が下されるかもしれません。このように、同居親にとって踏んだり蹴ったりな結果になる可能性も伝えたうえで、あくまで拒否を貫くのか、それとも父や長女が受け入れられるような形で面会交流を実施するのか、父と相談していくことになります。また、「長女の目の前で母の悪口を言わない」など、初歩的なルールを父に理解してもらうことも必要です。

Ⅲ その他

> **代理人お役立ちポイント！**
> 子どもは、いろいろな事情で面会交流を拒否します。問題解決に大切なのは、子どもを一人の個人として尊重し、子どもの事情に寄り添った面会交流を提案することです。

1 繁忙を理由にする拒否

・年齢が高くなると、子ども自身が忙しいことを理由に拒否の意向を示すことがあります。
・小学校高学年にもなると、自分の日々のスケジュールをきちんと理解し、何曜日の何時から何時までは遊べる時間、などと把握しているものです。
・限られた時間の中で、何とか自由時間を確保している子どもたちにとって、面会交流は二の次にならざるを得ない現状があります。

事例16

父：42歳　　母：38歳、長女：10歳

父母は性格の不一致により離婚。同居当時、共働きであったが、勤務時間

Ⅲ　その他

に融通のきく母のほうが主たる監護者であったため、母が親権者となった。父もそれなりに育児に参加してきたことから、離婚後も、長女にしっかりかかわりたいと思っていた。そのため、父は、2週間に一度は会いたいと主張した。母は、基本的に面会交流に賛成であったが、長女が忙しいこともよくわかっていたので、2週間に一度という頻度に賛成しかねていた。父の希望をそのまま伝えたところ、長女は、父のことは嫌いではないが、それでなくても塾や習い事で忙しいため、そんなにたくさん会うのは嫌だと述べた。

(1) 別居親の代理人が押さえておきたいポイント

子どもが忙しいことを理由に面会交流を拒否している場合、基本的には、同居親が子どもの繁忙を理由に拒否している場合と同じです。ただ、子ども自身が自ら拒否しているわけですから、より一層、子どもの日々の生活に対する配慮が必要になってきます。

(ｱ) 長女のスケジュールを把握する

10歳ともなれば、塾や習い事など、大人顔負けの忙しい日常を送っている子どもがいます。曜日ごとの詳細なスケジュールを把握し、長女の忙しい毎日がイメージできるようにします。具体的にイメージできなければ、「忙しいのはわかるけど、ちょっと会うくらいできるだろう」という気持ちになってしまったりするからです。

(ｲ) 子どものスケジュールを妨げず、かつ父の希望に近い面会交流を提案する

ある程度年齢が高く、忙しい子どもと会うには、子どもの日常に入り込むのが一番です。そのため、平日の夕食、習い事の送迎、学校行事の参観、といった面会交流を提案する方法があります。別居親の希望に近い頻度で合意できるのが理想ですが、事例の父のように2週間に一度というのは難しい場合もあります。離婚していない普通の親子だって、忙しい子どもとじっくり時間を過ごしているわけではありません。多くは、食事の際に少し話すだけだったり、お互い忙しくて顔を合わさない日も多い、ということだって珍し

くないでしょう。子どもの成長とともに親の役割やかかわり方が変わっていくことを父に理解してもらうことも大切です。

(2) 同居親の代理人が押さえておきたいポイント

子どもの忙しさをいかに別居親に理解してもらうかがポイントです。しかし、どんなに忙しい子どもであっても、親に会わないほうがよいわけではありません。「子どもの健全な成長」という、子どもにとっても同居親にとっても大切な視点をもつことも求められます。

(ア) 長女のスケジュールを把握する

長女自身が多忙を理由に拒否していますので、本人から事情を聞くのが一番です。そのうえで、母から聴取した日々のスケジュールとあわせて主張書面にすれば、父にも長女の多忙さが伝わることと思います。

(イ) 代替案を提案する

次は、多忙な長女がスケジュールに影響を受けない形で効果的に父に会う方法を提案していきます。長女の意思を反映させるためには、長女本人に聞いておくのが一番ですが、子どもはまだ「頻度」に関する感覚が正確でなかったりします。そのため、何回なら会ってもよいか、という聞き方ではなく、どのような会い方（会って何をしたいか）ならよいか、という聞き方が望ましいでしょう。

2　思春期的な拒否

・子どもが思春期に差しかかるころ、別居親に何ら落ち度がなくても、子どもに嫌われてしまうことがあります。
・女の子は父親を「汚い、臭い」と言って毛嫌いすることもありますし、男の子が母親を「うざい、気まずい」と避けることもあります。
・このような「思春期的な拒否」は高校生ぐらいになると、「会いたくない」より「会わなくてもよい」と表現されることもあります。

Ⅲ　その他

- 子どもとしても、積極的に会いたくないとは思っていないけれど、わざわざ会う必要もない、という冷静な判断をしているようです。

事例17

父：50歳　　母45歳、長女：17歳

　父母は、長年の家庭内別居を経てついに離婚。主たる監護者であった母が長女の親権者となった。長女は、何年も前から、父母の関係がすでに冷え切っていることを理解していた。また、「あんな状態で同じ家にいるくらいだったら離婚したほうがいいのでは」とか「どちらが悪いわけではないけど、うまくやっていける二人ではないよね」といった大人なコメントを母に伝えていた。離婚後、父から面会交流の求めがあった際、母は、まずは、長女に意見を求めた。すると、長女からは「お父さんのことは嫌いじゃないけど、今さら二人で会うとか考えられない」、「会って何するの？」、「会いたいとか言ってきて、ちょっと気持ち悪い」といった辛辣な言葉が返ってきた。

（1）別居親の代理人が押さえておきたいポイント

　17歳の長女が父に会いたくないと言っている場合、別居親の代理人ができることはそれほどたくさんはありません。思春期の女子が男親を毛嫌いする気持ちもわかりますし、ましてや、二人でどこかに出かけたり、食事をしたりすることに抵抗を感じるのは極めて普通です。

　ただ、父として、面会交流を通じて何か長女に伝えたいことや、してやりたい親の役割があることも理解できます。そのため、長女の年齢や性格を踏

まえたうえで、どのような会い方であれば、長女が会ってもいいと言ってくれるかを具体的に考える必要があります。おいしいものを食べたり、服を買ってやったりと、年頃の女の子が喜びそうなことを常識の範囲内でやってあげるだけで十分です。また、好きなアイドルのイベントにいっしょに参加したり、ディズニーリゾートといった楽しい場所でもよいかもしれません。ただ、親子関係が少し気まずい場合は、食事のように向き合う関係はしんどかったりします。映画鑑賞やショッピングなど、何かを媒介としたコミュニケーションが楽でしょう。

(2) 同居親の代理人が押さえておきたいポイント

ご承知のとおり、年齢が高い子どもが面会交流を拒否している場合、無理やり会わせるわけにもいかず、同居親の代理人としても、すべきことはたくさんはありません。ただ、長女の年齢の女の子であれば、自分の意見をしっかりもっていて、それを人に伝える能力も高くなっています。そのため、子どもから話を聞くことに慣れていない代理人の方でも、それほど難易度は高くありません。長女に会い、直接話を聞くことで、父に伝わりやすい主張書面が作成できることと思います

また、もう少し踏み込んで、「今は会う必要がないと思うかもしれないけど、将来のために少しなら会っておいてもいいんじゃない？」と後見的なアドバイスができるとよいかもしれません。どんなに年齢が高いといっても、まだ未成年です。結婚相手を父に紹介したくなるかもしれないとか、自分が親になってから、父や母のありがたみがわかるかもしれないといったことまでは思い至りません。私は、同居親の代理人であっても、同居親や子どもの利益のため、子どもに面会交流をすすめてよいと思っています。

現場から ❖ 子どもの拒否の問題

　最近、子どもが面会交流を拒否するパターンが増えているように思います。本当に別居親に会いたくない場合、同居親への配慮や遠慮から会いたくないと言っている場合、父母の紛争に巻き込まれたくなくて会いたくないと言っている場合など、拒否の理由はさまざまです。

　また、同居親が子どもの拒否を肯定的に受け止めてしまうという問題もあります。面会交流は、大切な親子の交流です。本来、子どもの意向をう呑みにするのではなく、嫌がる子どもの気持ちに寄り添い、なぜ嫌なのか、嫌がる原因は解消できるのかを考える必要があります。しかし、同居親が面会交流の重要性を理解していなかったり、会わせたくない気持ちをもっていたりすると、「行きたくないなら、行かなくていい」というトーンで応じてしまいがちです。

　もし、それが登校拒否だったらどうでしょうか。「学校に行きたくない」と言う子どもに対して、簡単に「いいよ、行かなくて」と応じる親がどのくらいいるでしょうか。多くは、その理由を聞いたり、解決策を考えたりしたうえで、学校に行かそうとするのではないでしょうか。別居親との交流は、学校と同じくらい大切だと思うのですが。

第8章

家庭裁判所調査官の役割と調査報告書の読み方

I 家裁調査官の調停立会
II 家裁調査官の調査
III 試行的面会交流
IV 家裁調査官の調査報告書

I　家裁調査官の調停立会

代理人お役立ちポイント！

　家裁調査官が面会交流調停事件にかかわるパターンは「調停立会」と「調査」の二つです。まずは、その一つ目である「調停立会」についてお伝えします。家裁調査官が調停に立会する目的やタイミングを理解したうえで、早期成立に役立てていただければと思います。

1　立会の目的

- 多くの家庭裁判所において、家裁調査官は、すべての面会交流調停に立会しているわけではありません。担当裁判官からの立会命令が出された調停事件にのみ立会します。
- 各家庭裁判所や時代のトレンドによって、どのような場面で立会命令が出されるのか、多少の違いがあります。しかし、家裁調査官が果たすべき基本的な役割は大きく異なりません。
- 次は、家裁調査官が面会交流調停に立会する主な目的についてお伝えしていきます。

(1)　調査に関する立会

(ア)　調査の要否についての意見具申

　調停の「どの段階で」、「どういった内容の調査をするか」という判断は、担当の裁判官が下します。しかし、裁判官は、常に調停室に同席しているわけではなく、調停委員と評議が必要な場合や、成立・不成立の場面にのみやってくるのが通常です。そのため、調停委員は、調停の進行状況を把握し、家裁調査官の調査の可能性について裁判官に意見具申する役割を担っていま

す。しかし、家裁調査官が一度も調停に立会しないまま調査命令が下されることは、ほとんどありません。まずは、家裁調査官が調停に立会し、調査の要否について検討するという過程を踏むことがほとんどです。参考までに、以下に、調査命令が出されるまでの流れを書いておきました。調査の要否について、意見具申するための立会は③です。

〔調査命令が出されるまでの流れ〕
——子どもの拒否が理由で同居親が面会交流を拒否している場合——
① 子どもの拒否が争点になっており、家裁調査官の調査が必要になる可能性について、調停委員が裁判官に意見具申
② 裁判官が家裁調査官に調停への立会を命令
③ 家裁調査官が調停に立会。調停で情報収集したうえで、子どもの心情・意向調査の要否について裁判官に意見具申(子どもの年齢や発達状況等から判断し、心情や意向の調査をしうるか、また、調査結果をその後の調停で有効活用できるか、調査の時期は適切かなど)
④ 裁判官が家裁調査官に子の心情・意向調査を命令

　また、調査は必要ないという意見具申をすることもあります。たとえば面会交流事件であっても、しばらく子どもに会えていない別居親が、子どもの監護状況調査を希望することがあります。しかし、面会交流事件の解決に資さず、一方当事者の要求を満たすためだけの調査はしませんので、家裁調査官が裁判官に「調査は必要ないのでは」と意見具申することもあります。

　(イ)　調査に関する当事者への説明
　調査結果が問題解決に向けて有効活用されるためには、当事者への事前の説明が大切です。たとえば、調停段階で子の意向調査を実施する場合、当事者が「子どもが何と言おうと、自分の意見は変えない！」という姿勢であれば、調査の意味はありません。子の意向に従う必要はありませんが、子どもが語ったことを真摯に受け止め、子どもの気持ちに配慮した解決をめざすと

いう姿勢が必要なのです。そのため、事前に、家裁調査官から当事者にそのような説明を行い、理解を求めます。

(ウ) 調査後の説明

調査後の説明も立会の大切な目的のうちの一つです。家裁調査官が何らかの調査を行うと、その調査結果を裁判官に報告します。その際、調査報告書という書面が作成されます。この報告書の宛名は裁判官ですが、当たり前のことながら、裁判官だけが調査結果を知っていても、解決には結びつきません。担当の調停委員も熟読したうえで調停に臨みますし、当事者も閲覧・謄写することができます。しかし、やはり、書面だけでは伝わらないこともありますし、当事者から質問や疑問を投げかけられることもあります。そのため、調査後の調停期日には、調査結果の説明のため、家裁調査官が立会します。

(2) その他

頻度は高くありませんが、当事者の性格特徴等から、調停進行が難しい場合に、家裁調査官が立会し、進行を援助することがあります。また、医務室技官（家庭裁判所に勤務する精神科医）と連携し、家裁調査官と医務室技官が同時に調停に立会することもあります。

たとえば、当事者がDV被害によるPTSDを患っている場合などに、心理面の配慮やサポートのため、家裁調査官が立会することがあります。また、当事者がうつ病等の薬を服薬していて、調停に何らかの影響を及ぼしているとき、医務室技官関与の要否について裁判官に意見具申するため、家裁調査官が立会することもあります。

2 立会のタイミング

・家裁調査官は、調停の初回期日から立会していることはあまり多くありません。

- 多くは、調停委員から裁判官に「家裁調査官の立会」の意見具申がされた場合、立会命令が出されます。
- ただ、残念なことに、すべての調停委員が「家裁調査官の役割」を正しく理解しているとはいえません。裁判官から立会命令を受け、調停に立会してみると、協議が空転したまま期日を重ねてしまっていたりと、「どうしてもっと早く呼んでくれなかったのだろう」と思うこともあります。
- ぜひ代理人の方にも、どのような場面で家裁調査官が立会するのかを把握していただき、必要な場面で調停委員や裁判官に求めていただきたいと思います。

(1) 初回立会

　それほど割合は高くありませんが、初回の調停期日から家裁調査官が立会することもあります。家庭裁判所では、調停の申立て時、申立書のほかにも事情を説明してもらう書面の提出もお願いしています。その書面の内容から、家裁調査官の調査が確実に必要になりそうな場合や、事案が複雑で子どもの福祉が問題になりそうな場合は、あらかじめ、立会命令が出されます。そのため、申立書や事情説明書を詳細に記載しておけば、家裁調査官の早期立会や問題の早期解決に資するといえます。

(2) 途中からの立会

　立会の中で一番多いのが、必要に応じて途中で立会するパターンです。多くの場合、調停が申し立てられた段階では、家裁調査官の立会が必要かどうかを判断する材料は揃っていません。そのため、調停の期日を重ねていく中で、調査の必要性などが出てきた段階で、裁判官が立会命令を出すことになります。ただ、調停期日の途中で「家裁調査官の立会が必要」と判明しても、当日に立会することはできません。多くは、立会命令が出た後、次回期日からの立会になります。

(3) 中抜け立会

　調査のために立会し、調査や調査後の説明を終えた場合、調停成立（もしくは不成立）まで継続的に立会する場合もあります。しかし、調査結果を受け、更なる協議が続けられる場合、家裁調査官がいったん調停から抜ける場合もあります。そのような場合でも、再度調整が必要になったり、面会交流の具体的な方法で助言が必要になった場合など、再び立会命令が出されることもあります。通常、同じ家裁調査官が担当します。

II　家裁調査官の調査

> **代理人お役立ちポイント！**
> 　家裁調査官の役割といえば何といっても「調査・面接」です。調停委員は、裁判所外で調停活動をすることができません。家裁調査官だけが、当事者の自宅や学校、医療機関などに出向き、必要な情報を収集することができます。家裁調査官の持ち味の一つは「機動性」です。

1　子どもの調査

- 面会交流事案で、家裁調査官が一番多く受命する調査は「子の心情・意向」に関する調査です。
- 調査の内容はとてもシンプルで、「子どもから面会交流に対する気持ちを聞くこと」です。
- 子どもの発達状況や言語表現能力にもよりますが、心情調査であれば、5、6歳程度から実施します。上限はなく、高校生や大学生に意向調査を行うこともあります。

(1)　子どもに意見を聞くことの可否

　以前は、どちらかというと「子どもから話を聞くのは最終手段」という考え方が主流でした。というのも、子どもを親の紛争に巻き込むことが懸念されたり、自分の気持ちを表明することに、子どもにとって負担だと思われていたからです。しかし、最近は、積極的かつ早い段階で子どもから話を聞いておこうという流れがあります。これは、「子どもの意思表明権」を意識したものでもあり、事件の解決に子どもの気持ちを反映させようという考え方によります。また、手前みそではありますが、家裁調査官の調査は、子ども

に負担がかからないように工夫されており、「気持ちを話せてよかった」と感じてくれる子どもが多いように思います。ですので、必要性を感じたときは、調停の早い段階であっても、子の意向調査をしてほしいと主張し、早期解決につなげていただければと思います。

(2) 調査の手順

調査結果が問題解決に寄与するためには、調査が公平性を保っていることや、子どもの気持ちをきちんと聞けていることが必要です。そのため、実際に子どもから話を聞く前にいろいろな手順を踏むことになります。調査の手順は、事案によって異なりますが、以下では標準的な手順についてお伝えします。

(ｱ) 同居親の調査面接

子どもの年齢が低い場合、いきなり子どもと会っても、何も得るものがない場合があります。そのため、小学生くらいまでの子どもの場合、大抵、親である当事者との面接を事前に行います。同居親の調査面接では、子どもの性格をはじめ、人となりがイメージできる情報、日常生活のスケジュールなどを聞きます。また、同居親から見た別居親と子どもとの関係や、同居親が把握している現在の子どもの気持ちなども聴取していきます。さらに、初対面の人と会ったときに子どもがとりやすい態度や、言語表現能力など、子どもの調査面接を念頭においた質問もしておきます。

また、情報収集とは異なりますが、子どもに対する調査の説明についても、同居親と事前に打ち合わせておくこともあります。子どもが調査に対して先入観をもったり、不安になったりしないためには、調査に対する説明がとても大切だからです。たとえば、すでに同居親が子どもの拒否を知っていたとしても、「今度、裁判所の人が来るから、お父さんに会いたくないってちゃんと言うのよ」と伝えるのと、「今度、裁判所の人が来るから、〇〇ちゃんの言いたいこと、何でも話していいからね」と伝えるのでは、大きく印象が違います。また、事前に、子どもに説明用のお手紙を出す家裁調査官もいますが、この手紙を同居親に託し、いっしょに読んでほしいことなども伝えま

す。

　(イ)　別居親の調査面接

　必ずではありませんが、子どもの調査の準備的調査として、別居親の調査面接をする場合もあります。多くは、同居当時の親子関係や別居後の面会交流の状況について聞かせてもらうのが目的です。たとえば、拒否が予想される子どもの場合、「パパ（ママ）と遊びにいって楽しかったところを教えてくれる？」とか、「いつもどんなことをして遊んでたの？」という家裁調査官の質問に対して、「忘れた」とか、「楽しかったことはない」と答えたりします。そのようなときに、「△△に行ったの覚えてるかな？」とか、「夏にはいつもプールに行ってたのかな？」というふうに、具体的な聞き方ができるよう、情報を収集しておくのです。また、調査面接に代えて、このような情報を記載した書面の提出をお願いする場合もあります。

　(ウ)　同居親を通じての事前説明

　子どもの調査は、まずは子どもに調査の目的を正しく理解してもらうため、事前の説明を行います。多くの場合、子どもの年齢や発達段階に応じた説明書面を作成し、同居親に託します。説明書面の中身は、「はじめまして」というあいさつからはじまり、父母が家庭裁判所で面会交流について話し合いをしていることや、今度は、子どもたちの気持ちも聞かせてもらいたいことなどをごく簡単に説明しています。当事者用の説明書面とは異なり、ちょっとした絵柄が入っていたりもします。

　(エ)　家庭訪問

　子どもの年齢が低い場合、家庭裁判所にて話を聞く前に、同居親と子どもが住む家を訪問することもあります。訪問の目的は、子どもと仲良くなることや子どもの発達状況などを確認することです。上述の説明書面をこの際に手渡し、いっしょに読むこともあります。また、説明書面のほかにも、各家裁調査官が独自の説明ツール（かわいいマグネットや紙芝居のようなものなど）を使用し、遊び感覚で調査の説明を行うこともあります。

　自宅での滞在時間は、1時間前後です。子どもとおもちゃで遊んだり、子

ども部屋を見せてもらったりしながら、子どもとの距離を縮めていきます。

　なお、ときどき、「子どもがびっくりするから」とか、「子どもが不安になるから」という理由で、家裁調査官という身分を明かさないでほしいと頼まれることがあります。しかし、同居親の友人とか、会社の知り合いという自己紹介では、公平性を保った調査とはいえなくなってしまいます。そのため、基本的には「家庭裁判所というところからきた人」「父母の話し合いのお手伝いをしている人」という自己紹介をすることになります。

　　(オ)　家庭裁判所での面接

　以上のような下準備をしたうえで、家庭裁判所にて子どもから話を聞きます。子どもたちは、家庭裁判所というだけで、堅苦しいイメージを抱くことと思います。そのため、調査面接室は、なるべく明るい色で柔らかい雰囲気のある部屋を選んだり、児童室を利用するなどの工夫をしています。

　調査の前には、同居親の同席のもと、再度、子どもに調査の目的などを説明します。また、同居親からは、当日の子どもの体調や緊張の具合を聞いたりします。そのうえで、子どもと家裁調査官が調査面接室に移動し、同居親の同席なしで、話を聞いていきます。

　子どもとの面接時間は、30分から1時間程度で、子どもの年齢や性格、聞きたい内容等によって異なります。子どもとの調査面接では、他愛もない会話で緊張をほぐしたり、父母の紛争について再度説明するなどしながら、面会交流に対する子どもの気もちを聞いていきます。「会いたいか、会いたくないか」を聞くだけでなく、同居当時の話を含め、子どもの別居親に対するイメージがわかるような質問や、子どもが親の紛争をどう受け止めているかなどを聞くこともあります。

　　(3)　調査報告書

　調査の後、家裁調査官は、調査報告書を作成し、担当裁判官に提出します。そして、当事者もしくは代理人にも、担当書記官から、調査報告書が完成した旨の連絡が入ります。次回調停期日は、調停にかかわる人すべてがその報告書を読んでいる前提で進行します。期日を無駄にしないためにも、なるべ

く、事前に調査報告書を謄写し、当事者も代理人も目を通しておいていただければと思います。そのうえで、協議の方針を当事者と相談できていれば、早期解決に資すると思われます。

2　当事者（父母）の調査

- 家裁調査官の調査は、子どもに関することにシフトされつつあります。しかし、やはり問題の解決のためには、当事者である父母がキーパーソンです。
- 当事者の主張を聞いたり、それを整理したり、また、こちらから何かを促すということは、基本的に調停内で行われます。しかし、何らかの事情でそれがやりきれなかった場合、当事者調査の受命につながります。

(1)　主張整理のための調査

　件数は少ないですが、当事者の主張を聴取するための調査を受命することがあります。「主張整理」とも呼ばれています。もちろん、調停の期日では、調停委員が当事者から話を聞いていますので、本来であれば、別途当事者の主張を吸い上げるため、家裁調査官が調査をする必要はないようにも思われます。しかし、当事者の中には、うまく自分の気持ちを伝えられない人がいます。また、調停委員との議論がかみ合わず、協議がなかなか進まない場合もあります。

　特に、代理人がついていない本人調停の場合、このようなパターンがみられます。そのため、一方は、代理人が理路整然とした主張書面を作成しており、調停ではその補足程度で足りるのに、もう一方の当事者の聞き取りに時間がかかり、不公平感が出てしまうことがあります。もし、ご自身が担当している案件でこのようなことが起こった場合、相手方に割かれる時間が長い

理由を調停委員に確認し、場合によっては家裁調査官の立会や調査を求める必要があります。

(2) DVD 視聴のための調査

　裁判所では、面会交流を行う両親向けに DVD「子どものための面会交流に向けて」を作成しています。タイトルのとおり、面会交流における子どもの福祉の視点を重視した内容になっています。14分程度の長さで、双方の親が気を付けるべきことや面会交流の一般的なルールがストーリー仕立てで説明されています。たとえば、面会交流の日時は子どもの予定を考慮するとか、別居親は、面会交流時に高価なものを買い与えたり、同居親のことを根掘り葉掘り聞いたりしない、といった一般的なことです。この DVD は最高裁判所のホームページからも見られます（http://www.courts.go.jp/video/kodomo_video/）。

　たとえば、当事者のどちらか一方（もしくは双方）に子どもの福祉の視点が欠けていて、ルール違反を繰り返している場合、この DVD を見てもらうことがあります。また、試行的面会交流を実施する前の準備として視聴を促すこともあります。DVD 視聴後には、感想を聞いたり、自分たちの面会交流に置き換えてみるとどうか、といったような話をすることもあります。

　ただ、家裁調査官の調査の一環として視聴してもらうとなると、平日の日中に時間をつくってもらう必要があります。そのため、DVD 視聴のための調査はあまり多くはありません。自宅で見ておいてもらうよう促したり、調停期日の後に見てもらうこともあります。

3　関係機関調査

・受命件数はさほど多くはありませんが、必要に応じて、医療機関や児童相談所といった関係機関が調査対象になることもあります。

(1) 医療機関

　同居親は、子どもが精神的に不安定であることを理由に面会交流を拒否することがあります。そして、その証拠として、病院の診断書や、主治医の意見書を提出する場合もあります。多くの場合、提出された診断書や意見書を参考にするのみですが、書面だけではなく、主治医から話を聞いてくるよう調査命令が出ることがあります。その場合、家裁調査官は、主治医にアポイントをとり、子どもの現在の精神状態や、面会交流が子どもに及ぼす影響などを聴取します。

　また、子どもが発達障害のため、療育や臨床心理士のカウンセリングなどに通っている場合もあります。そのような場合、子どもの調査の準備として、療育施設などに出向くこともあります。そこでは、担当の臨床心理士や医師から、子どもの発達特徴について聴取したり、面接時の注意事項についてアドバイスをもらったりします。たとえば、聴覚情報よりも視覚情報が優位であるとの情報を得た場合、子どもの調査の場面では、卓上ホワイトボードを特別に使用したりもします。

(2) 児童相談所・児童養護施設など

　まれに、施設に入所中の子どもに関する面会交流調停が係属することがあります。この場合、子どもが実際に生活している施設との調整が欠かせません。また、父母が子どもに会いにいった際の面会の様子を施設の職員から聞かせてもらうこともあります。

4　出頭勧告および相手方調査

- 相手方が面会交流調停に出席しない場合、家裁調査官が書面や電話で出頭勧告を行うことがあります。
- 相手方の不出頭が見込まれる場合、早い段階で出頭勧告を求めることで、いたずらに期日が経過するのを防ぐことができます。

(1) 面会交流調停における出頭勧告の位置づけ

　面会交流の出頭勧告は、婚姻費用や養育費といった金銭給付と異なり、「このまま出席しないといずれ審判になり、審判で決められたことを守らないと強制執行されます」という殺し文句が効きません（間接強制が可能とはいえ）。そのため、出頭勧告をしても調停への出席が確保できない場合もあります。特に、最初からまったく面会交流に応じるつもりがない人に対しては、いくら出頭勧告を行っても、出頭が確保できる可能性は高くありません。

　しかし、一方で、申立人との接触を怖がっている相手方などは、同じ建物にいるのさえつらいという理由で、調停への出席が困難だったりします。そのようなときは、家裁調査官が相手方の自宅に出向き、面会交流に対する意向を聴取したりもします。最終的な合意に至るかどうかは別問題ですが、少なくとも相手方の意向を確認できますので、いたずらに期日だけを重ねて長期化することは防げます。

(2) 出頭勧告のタイミング

　円滑に面会交流を実施するためには、当事者双方が調停に出席したうえで、協議を進めるのが望ましいのはいうまでもありません。しかし、「次回は出席してくれるかも」と淡い期待を抱きながら、時だけが経過していくという事態は避けなければいけません。

　相手方の不出頭が予測される場合や、出頭すると言いながらも、何かと理由を付けて不出頭が続いている場合などは、早い段階で、出頭勧告を依頼してほしいと思います。

Ⅲ 試行的面会交流

> **代理人お役立ちポイント！**
>
> 　家庭裁判所における試行的面会交流は、家裁調査官の調査の一環として行われます。調査の性質が他の調査と大きく異なるため、こちらで詳しく説明します。
> 　試行的面会交流が有効なパターンや、実施する場合の代理人の役割などを把握したうえで、調停成立に役立てていただければと思います。

1　試行的面会交流が実施されるパターン

・家庭裁判所で試行的面会交流を行う目的は一つではありません。
・試行的面会交流の功罪を理解したうえで、効果的に活用する必要があります。

(1)　同居親の不安を払拭するため

　同居親は、さまざまな理由で子どもと別居親とが会うことに不安を抱いています。たとえば子どもの年齢が低い場合、育児にあまり参加してこなかった別居親に対して「安全配慮に不安がある」とか「子どものオムツも替えられない」などと主張されることがあります。また、別居親のルール違反が原因で面会交流が中断されている場合など、同居親は、別居親が再びルール違反をするのではないかと不安に思っていたりします。

　そのような同居親に対して、家庭裁判所での試行をすすめることがあります。家庭裁判所における試行は、家裁調査官が同席しているという安心感や同居親自身もモニターやマジックミラー越しに見られるというメリットがあります。また、心配していた事態が起こったときは、すぐに中断することが

可能です。「案ずるより産むがやすし」とはよくいったもので、いろいろ懸念点があったとしても、実際に試行を実施してみると、協議が進みだすこともあります。同居親としても、子どもが喜んで遊んでいる姿を見ると、面会交流へのモチベーションが高まるのだと思います。

(2) 長期間会っていない場合

面会交流ができない具体的な理由はないけれど、子どもが別居親と長期間会っていない場合も、家庭裁判所で試行的面会交流を行うことがあります。長期間会っていないと、同居親も別居親も面会交流に対して漠然とした不安を抱えている場合があります。また、子どもの反応も予想がつかなかったりします。そのような場合、具体的な調停条項を作成する前に家庭裁判所で試行的面会交流を行うことがあります。

たとえば、別居親である父と1年間会っていない3歳の女の子が、父親を認識するか、認識したとしてどんな反応をするか、認識していなかったとして、急に泣き出したりしないか、といったことを観察したり、後日の様子を同居親から聞き取ったりします。

(3) 子の反応の確認

子どもが幼い場合や面会交流に不安な気持ちを抱えている場合は、子どもが別居親に会った際の実際の様子を観察するため、試行的面会交流を実施することがあります。

たとえば、同居当時からあまり関係が良好でない親子で子どもの緊張が高い場合など、いつでも家裁調査官が割って入れる状況で、子どもの反応を観察したりします。

(4) 同居親が連れ去りの危険を主張している場合

過去に連れ去り未遂があったり、面会交流と同時に監護者の指定や子の引渡しといった事件も係属している場合があります。そのような場合、期日間に当事者同士で暫定的に面会交流を行おうとしても、同居親のほうから子の連れ去りを懸念する声が上がり、実施が難しくなります。そこで、連れ去りの危険がない、家庭裁判所での試行的面会交流を実施することがあります。

2　代理人の役割

> ・家庭裁判所にて試行的面会交流を行う際、「代理人も来たほうがよいのですか」と聞かれることがたびたびありました。
> ・代理人の役割は、試行の立会のみではありません。当事者やその子どもに対する説明も大切です。

(1)　立会いの要否

試行的面会交流の様子は、依頼者から聞くことができますし、家裁調査官が報告書を作成しますので、試行実施日には同行しない代理人もいます。しかし、できれば同行し、試行を実際に見ておくことをおすすめします。というのも、当事者には見えていない部分や家裁調査官の報告から漏れている事項が必ずあるからです。また、その場の雰囲気やニュアンスは、見ていた人にしかわからないものです。

多くの代理人は、試行後、何らかの形で主張書面を提出しますが、説得力のある内容にするためにも、現場の様子を把握しておく必要があります。また、当事者にとって、試行は緊張や不安が伴うものです。そういった場に代理人がいてくれるだけで、ほっとしたり、信頼感が増したりします。

(2)　依頼者への説明

試行の趣旨や注意点については、家裁調査官から一通り説明があります。しかし、説明書面の送付という形をとることも多く、その書面を見ながらの確認が欠かせません。

依頼者が別居親である場合、試行はまさに「試される場」となります。試行の場でやっていいこととだめなこと、子どもへの接し方の注意点などについて確認が必要です。

依頼者が同居親の場合、同居親の不安を解消したり、子どもへの説明の仕方を相談したりする必要があります。また、別居親のあら探しをする場では

なく、子どもの福祉に資する実施条件で合意するための試行であることも理解してもらわなければなりません。代理人と同居親がいっしょになって、別居親の試行中のあら探しをしてしまうと、調停での合意が難しくなり、せっかく試行までしたのに審判に移行するという結果にもなりかねません。

(3) 子どもへの説明

同居親の代理人になった場合、子どもへの説明も必要です。説明の内容は、案件によってさまざまですが、何か不安がある子どもには、いつでも割って入る役割の人間が同席していること、嫌になった場合は中断できることなどを説明しておきます。また、別居親に会えば、同居親が怒ったり、同居親といっしょに住めなくなるのではないかと心配している子どももいますので、そうではないことを説明する必要もあります。もちろん、家裁調査官からも同様の説明を行います。しかし、試行的面会交流という体験は、子どもにとって緊張感が高いものです。ですので、いろんな立場の人から、何度も同じ説明を受けることによって、頭にインプットされ、安心につながると思います。

3　複数回試行することの功罪

・試行の実施は原則1回です。しかし、例外的に当事者のニーズや裁判官の判断で複数回実施されることもあります。
・複数回試行することのメリット・デメリットを理解し、調停での合意に役立てていただければと思います。
---

(1) 複数回実施するメリット

家庭裁判所で複数回の試行的面会交流を実施するというのは、例外的であり、大変手厚いケアとも考えられます。より一層充実したシミュレーションができることで、実現可能性の高い調停条項となることが期待できます。

(ア) 同居親の不安解消

家庭裁判所で試行的面会交流を実施する案件は、比較的紛争性が高いといえます。そのため、同居親の抵抗や不安も大きかったりします。試行的面会交流を複数回実施することで、その不安を解消しやすいことがあります。

　たとえば、別居親が屋外での面会交流を求めているとします。子どもは小学1年生の男児です。普通に考えると、室内で過ごすよりも、公園などで体を動かして遊んだほうが、子どもも楽しいと思われます。しかし、同居親は、以前、別居親との面会交流中に子どもがけがをしそうになったことが忘れられず、面会交流自体を中断させているとします。

　このような場合、まず1回目は室内で実施、それがうまくいけば2回目を屋外で実施というふうに段階を踏むことができます。

　　(イ)　子どもの安心につながる

　実は、親が心配するよりも、いざ面会交流が始まると、子どもは素直に楽しめたりするものです。しかし、父母が高葛藤だと、子どもがその緊張感や不安を感じとり、面会交流に抵抗を感じたり、強く不安に思ったりする場合があります。何か心配ごとがある子どもの場合、いつでも誰かが止めに入ってくれる状況で別居親と会うほうが安心感があるものです。そして、一度ではなかなか「ママ（パパ）がいなくても大丈夫！」という気持ちになれなかったとしても、もう一度同じ成功体験をすることで、自信につながったりします。

　　(2)　複数回実施するデメリット

　試行的面会交流を複数回実施することのデメリットもあり、実施には慎重な検討が求められます。また、いくつかのデメリットは、複数回実施に限らず、一回だけ試行を実施した場合にも当てはまります。期日間に当事者同士で試行したほうがよいのか、家庭裁判所において試行したほうがよいのか、ケースによって使い分けが必要になってきます。

　　(ア)　当事者の自覚の問題

　複数回実施した場合に起こりやすい当事者の反応として、家庭裁判所の仲介を「当たり前」としてとらえてしまうことがあります。家庭裁判所では、

安全かつ無料で面会交流を実施することができます。しかし、合意した後は、当事者双方で実施していく必要がありますし、第三者機関を利用したとしても、けして安くはない費用を支払うことになります。家庭裁判所での実施に慣れてしまうと、そういったことに抵抗を感じ、合意が遠のいたりしますので、あくまで試行であり、本来は当事者双方で実施すべきであることを当事者に理解してもらう必要があります。

　　(イ)　それぞれの結果の相違

　1回目の試行は成功したけれど、2回目は失敗してしまった、という結果もあり得ます。違う結果が出た場合、それぞれの結果をどう扱うのか、問題解決にどうつなげるのかといった難しい問題が発生してしまいます。そのため、2回実施する場合は、2回目実施の目的や結果の扱い方についてしっかりと検討したうえで実施する必要があります。

　　(ウ)　調停の長期化

　試行的面会交流を実施するには、複数の人々の予定を合わせる必要があり、おのずと実施までに時間がかかります。そのため、調停期日間に試行を実施するとして、次回期日が入る目安は早くて2か月後、遅い場合は3か月後になったりします。それを2回繰り返していると、あっという間に半年が過ぎてしまうこともあり、調停の長期化を招きます。調停が長期化すれば、当事者の感情のもつれはひどくなり、それに巻き込まれる子どもの負担も増します。そのため、長期化のリスクを冒してまでも2回実施するかどうかの検討が必要です。

Ⅳ　家裁調査官の調査報告書

> **代理人お役立ちポイント！**
>
> 　家裁調査官が調査をすると、必ず「調査報告書」を作成します。宛名は担当の裁判官ですが、もちろん、当事者やその代理人にも読んでもらうことを大前提としています。家裁調査官の調査報告書について理解を深めていただき、調停成立に向けて有効活用していただきたいと思います。

1　調査報告書の構成

- 調査報告書の内容は調査項目や案件の特徴によってさまざまです。
- 今回は、一番受命が多いと思われる、子どもの気持ちを把握するための調査を行った際の一般的な記載項目について説明します。

(1)　当事者の主張

　当事者双方の主張は、調停ですでに聴取されており、お互いに相手の言い分を理解しているのが通常です。しかし、場合によっては、案件が複雑だったり、主張が二転三転するなどして、調停内で主張が整理しきれていない場合があります。そのような場合、家裁調査官は当事者の調査面接も設定し、主張を整理することがあります。

(2)　子の生活状況・発達状況

　子どもの年齢にもよりますが、子どもの年齢が中学生以下であるような場合、子の生活状況や発達状況を記載することになります。なぜなら、子どもの発言を解釈するうえで、その子がどのような発達状況にあるのか、また、日々どのような生活を送っているのかを理解しておくことが重要だからです。

たとえば、小学5年生の子どもが、「毎日忙しくしているから、休日くらいは友だちと遊びたい」と面会交流に否定的な意見を述べたとします。そのような場合、子どもの日々のスケジュールを理解していないと、その発言の合理性を判断することができません。

　また、6歳の子どもが家裁調査官の質問に対して沈黙したとします。その子どもの理解力や言語表現能力を把握していなければ、その沈黙の意味を理解することができません。その子どもは、意味が理解できずに回答しないのか、それとも、意味はわかっているし言語で表現する力もあるけれど、あえて回答していないのか、どちらなのかによってその解釈も異なってきます。

(3) 家庭訪問時の様子

　基本的に、家庭訪問は子どもに慣れてもらうために行うものです。そのため、家庭訪問時には、子どもの部屋を案内してもらったり、いっしょに遊んだりしており、そのときの子どもの様子などが記載されることがほとんどです。家庭での子どもの様子を知るのに重要な部分です。

　また、自宅での子どもの様子と家庭裁判所での調査時の子どもの様子を比較することもあります。たとえば、自宅では、のびのびとした様子で口数の多かった子どもが、家庭裁判所では、硬い表情であまり話せなかったとします。このような場合、子どもは緊張などの理由で、調査時にはいつもの自分を出せていなかったことになります。逆に、自宅では、同居親の顔をのぞき込んだり、遠慮するような様子が見えたのに、家庭裁判所での調査では、落ち着いた様子ではきはきと話したとします。このような場合、子どもは、同居親に遠慮や気遣いがあり、自宅では本音を話せていないのではという推測が働きます。

(4) 子の面接場面

　子どもとの面接場面は、調査報告書の要です。年齢が高い場合、大抵は陳述要旨形式で書かれます。年齢が低い場合は、逐語形式で記載されます。どちらの場合も、子どもの発言内容のみではなく、家裁調査官の質問内容や、答えたときの子どもの様子についてもあわせて記載されます。

(5) 意見欄

調査結果をもとに家裁調査官が考える子どもの心情や意向について、発言内容だけではなく、多方面から得られた情報も交えて、分析しています。

たとえば、調査で子どもが「会いたくない」と話したとします。そのような場合でも、会いたくないと言ったからといって、その子どもが本当に会いたくないと思っているかどうかはわかりません。当事者から語られた同居当時の親子関係、子どもの発達状況や生活状況、子どもが受けているだろう同居親の影響、調査面接時に得られた非言語的情報などを総合して判断することになります。

また、次回以降の調停進行についてや当事者双方への課題が記載されていることもあります。

2　指摘ポイント

・家裁調査官の調査報告書に対し、多くの代理人が口頭で意見を述べたり、意見書を提出したりします。
・意見書は、裁判官はもちろんのこと、家裁調査官も熟読し、真摯に受け止めています
・「意見書による的を得た指摘→調査報告書の精度アップ→当事者や子どもの利益に資する解決」となるよう、指摘ポイントをお伝えします。

---

(1) 子どもの能力を的確に把握しているか

子どもの能力は年齢のみでは測れません。周辺情報や子ども本人とのやりとりを通じ、家裁調査官が子どもの能力を正しく把握できているかを確認する必要があります。

(2) 面接場面の設定は妥当か

家庭訪問時を含め、子どもと面接する際の場面設定が妥当であったかどう

かも指摘ポイントになります。たとえば、子どもの年齢が低く、家庭でのみ調査を行った場合、別居親に別室で待機してもらうなど、影響を排除できているかなどが問題となります。

(3) 子どもへの説明は十分か

上述したように、子どもへの正しい説明なくして、適切な意見聴取はありません。家裁調査官が、子どもに対して親の紛争や調査の趣旨について十分に説明し、子どもの理解を得ているかが指摘ポイントとなります。

(4) 発言のみではなく態度も観察しているか

子どもの年齢が低ければ低いほど、言語的な表現のみではなく、態度や様子を観察する必要が出てきます。たとえば、子どもが「お父さんとは会いたくない」と言ったとして、はっきりと強い口調で言ったのか、隣室にいる同居親を気にしながらおどおど言ったのかでは評価が違ってきます。

(5) 誘導的な質問をしていないか

なかなか話をしてくれなかったり、言語能力が未発達な子どもに対して、ついつい家裁調査官の仮説や推測をもとにした質問をしてしまうことがあります。たとえば、「お母さんと会うとどんな気持ちになるかな？」という質問に答えられない子どもに対し、「嫌な気持ちになる？」と聞いてしまったりします。これは誘導的な質問であり、子どもの気持ちを適切に聞けているとはいえません。この場合、少なくとも、「嫌な気持ちになる？」、「それとも楽しい気持ちになる？」と両方の選択肢を与えることが必要です。そのため、子どもの発言のみではなく、家裁調査官がどのような質問をしているかについても、注目が必要です。

(6) 調査結果と意見に整合性があるか

家裁調査官の報告書は、大きく分けて調査結果と意見の二つに分けられます。そして、その調査結果と意見の整合性が問題となります。たとえば、意見欄に、「子どもは母と会うと悲しい気持ちになると述べており、母とは会いたくないと思っている」と書かれてあるとします。しかし、調査結果欄には、子どもが、母と会うと悲しい気持ちになると述べている場面しか記載さ

れていないとします。だとすると、子どもが悲しい気持ちになるのは、面会交流の最後に母と離れなければならないからなのか、母と会いたくないからなのかわかりません。加えて、同居当時の楽しい思い出などが語られていたとすると、「母とは会いたくないと思っている」という調査結果とは、整合性がとれているとはいえなくなります。

3　意見欄の読み方

- 調査報告書の要は意見欄です
- 意見欄には、家裁調査官が調査結果をどう分析したか、今後の調停をどのように予測しているかなどの情報が含まれています。

(1)　結論をどの程度明確に書いているか

　面会交流事件の調査報告書の意見欄で、どの程度まで書くかは、担当裁判官のニーズによって大きく異なります。子どもの意向を確認し、「子どもは○○と述べていた」というだけで終わっているもの、「子どもは○○と述べているので、面会交流の実施を慎重に協議すべきである」と抽象的な指摘にとどめているもの、「子どもは○○と述べており、2か月に1回程度が限界であると思われる」などと具体的な数字が出てきているものまでさまざまです。

　具体的な数字が出ている場合、担当裁判官としては、具体的な数字の提示が調停成立には必要だと考えているということです。反対に、抽象的な指摘にとどまっている場合は、子の調査結果を受けて、当事者らがさらに協議をしたほうがよいと考えていると解釈できます。

(2)　当事者双方に何を求めているか

　大抵の調査報告書は、当事者にどのような解決姿勢をもってほしいかを記載しています。たとえば、「子どもの意見を考慮した解決を」とか、「子ども

を両親の紛争に巻き込んではいけない」といった具合です。当事者本人は、書かれている内容を批判的にしか読めなかったり、都合のよい部分にしか目がいかなかったりしますので、代理人が意見欄を読み解き、依頼者に伝えていただければと思います。

(3) 次回以降の調停進行の見込み

　意見欄の最後には、次回以降の調停の進行方針や見込みについて記載してあります。たとえば、「子どもの意向を踏まえ、間接交流の可能性も視野に入れた協議が必要である」とか、「第三者機関の利用を前提に、機関の選定や利用の手順について、当事者双方の具体的提案が待たれる」などといった具合です。進行方針は、裁判官のみではなく、調停委員会および当事者に宛てても書かれており、家裁調査官として望ましいと考えている今後の進行について読み解くことができます。

現場から ❖ 子どもの存在の威力

　本文中でも、何度となく「直接お子さんと会って話を聞いてください」と書いていますが、子どもの言動は、理屈抜きで大人を納得させる力があると実感しています。そう実感するに至ったエピソードをいくつかご紹介します。

　筆者は、「家族のためのADRセンター離婚テラス」というADR（裁判外紛争解決手続）の機関を運営していますが、ADRによる調停は、比較的紛争性が低い当事者が多いこともあり、親の掛け値なしの子どもの生の声が当事者の口から語られます。たとえば、モラハラ加害者である夫とその被害者である妻の面会交流調停で、妻はこう言いました。「娘は、夫が私にひどいことを言う場面を日常的に見ているにもかかわらず、『ママのことは100％好き、パパのことは99％好き』と言ったんです。1％の差しかないなんて、何だか力が抜けてしまって……。私、面会交流には消極的だったのですが、この言葉を聞いて考え直しました」。

　妻は、誰かに「あなたにとってはひどい夫でも、子どもにとっては大好きな父親なんですよ」と言われたとしても、きっと反発する気持ちになったと思いますが、子どものストレートな表現に心打たれたのだと思います。

　そして、もう一つ、ADRによる調停ならではのエピソードをご紹介します。そのご夫婦は同席調停でした。ある日、調停中に別居親である妻の携帯電話が鳴りました。どうやら子どもからの電話ということで気にせず出てもらったところ、鍵を忘れて家に入れないというSOSの電話でした。妻の不貞が別居の原因であったこともあり、夫は頑なに母子の接触を拒んでいました。しかし、困ったときには一番に妻に助けを求める子どもの様子から、夫は多くを感じ取ったようでした。

　このような子どもの純粋な言動は、大人の事情やエゴを横に置いておいて、子どもの幸せを中心に置いた話合いを当事者に促します。ぜひ、代理人として面会交流事件を担当される際、生の子どもの言動に触れてみてください。

【付録１】　面会交流第三者機関完全マニュアル

1　第三者機関とは

　第三者援助機関といったり、支援機関といったり、呼び方はさまざまですが、父母のみで面会交流の実施が難しい場合にお手伝いをしてくれる機関があります。現時点では、主だった地域に相談室をもつ公益社団法人家庭問題情報センター（FPIC、エフピック）（以下、「FPIC」とします）が最大規模ですが、そのほかにも、多くの非営利活動法人（以下、「NPO法人」とします）や一般社団法人が支援サービスを行っています。最近では、離婚問題を扱う行政書士やカウンセラーが面会交流支援を付随的に行うこともあるようです。

2　利用の心構え

　第三者機関を利用するスタンスは大きく分けて二つあります。一つは「どうやっても無理なときだけやむを得ず利用する」というスタンスです。もう一つは、「利用したほうが面会交流が円滑に進むならば、軽い気持ちで利用してみよう」というスタンスです。この両者のスタンスは、どちらも間違いではないと思います。それぞれにメリットやデメリットがあります。

(1)　やむを得ない場合だけ利用する

　面会交流を行う子どもにとって、自分の親に会いにいくのに同居親は送り迎えもしてくれず、見ず知らずの他人に連れていかれる、というのはどうでしょうか。いくら「楽しんできてね」と送り出されても、同居親の別居親に対する負の感情は否応なしに伝わってしまいます。楽しく面会交流を終えて帰宅しても、なかなかその報告をすることも難しいでしょう。自然な面会交流をめざすのであれば、DVや婚姻中の耐え難い事情で精神疾患を患ってしまった場合などの利用に限ったほうがいいかもしれません。

(2) 気楽に利用する

　そうはいっても、同居親が積極的になれない面会交流は、なかなか合意が難しかったりします。また、同居親に負担感が強いと、せっかく決めた面会交流が長続きせず、何らかの形で中断してしまうこともあります。そのため、第三者機関を利用することで問題が解決するのであれば、気軽に利用するという方法もあります。最近は、習い事や保育園の送迎をベビーシッターに依頼する親御さんも増えています。育児サポートの一環として、第三者機関を利用するのもよいかもしれません。

3　利用場面

(1) 両親間で連絡ができない場合（連絡型）

　面会交流の取り決めの際、あらかじめ日時を固定すると融通が利かないため、「月に〇回程度」と定めるのが通常のパターンです。そうすると、父母は、事前に連絡を取り合い、日時の打ち合わせをする必要が出てきます。また、「毎月第2土曜日の10時から17時まで、待ち合わせは〇〇駅の改札で」等と細かく決めていたとしても、子どものことですから、突然体調を崩したりと緊急の連絡が必要になることもあります。しかし、中には、直接会うことはもちろん、電話やメールでさえ連絡ができないという父母がいます。そういうときに利用するのが、第三者機関の「連絡型」というサービスです。このサービスは第三者機関のスタッフが父母の間に入って日時や場所の調整をしてくれます。連絡の援助だけですので、価格も比較的抑えられています。

(2) 両親による受渡しが困難な場合（受渡し型、送迎型）

　子どもが幼い場合、面会交流の際には必ず父母による引渡しが必要です。しかし、夫婦間にDVがあり、DV被害者である親がDV加害者である親と接触できない場合や、DVまではいかなくても、浮気その他の婚姻中のさまざまな耐え難い出来事が原因で「相手の顔を見るだけで体調を崩してしまう」という場合があります。このような場合、第三者機関の「受渡し型」もしく

は「送迎型」というサービスを利用することで問題を解決できます。このサービスを利用すると、第三者機関のスタッフが子どもの送迎をしてくれますので、父母が顔を合わすことはありません。

(3) 別居親と子どもとの面会交流について同居親に不安がある場合（付添い型、見守り型）

「付添い型」「見守り型」と呼ばれるサービスもあります。このサービスは、面会交流の間、ずっと職員が傍で見守っていてくれます。あくまで見守りなので、積極的に介入したり、いっしょに遊んだりはしませんが、最近は、援助的な声がけ程度なら応じてくれる機関もあるようです。たとえば、同居親から連れ去りの危険が主張されている場合や、別居親のルール違反が懸念される場合に利用されます。

4　第三者機関の選び方

面会交流が広く知られるようになり、離婚の際に面会交流について取り決めることも増えてきました。それに伴い、都市部では、第三者機関の数も増えています。そのため、住んでいる地域によっては、複数の第三者機関から選択する余地があります。次は、選択の際のポイントをお伝えします。

(1) 規模の大きさ

職員の数が少ないと、サービスを受けられる日が制限され、面会交流の日程調整が困難になることがあります。それでなくても最近の子どもたちは、習い事や塾で忙しいわけですから、これに第三者機関のスタッフの日程まで考慮するとなると大変です。ですので、対応できるスタッフが多いにこしたことはありません。ただ、日時や場所を固定した支援サービスを実施している場合は、スタッフの多さによって日程調整が左右されることはありません。

(2) 利用費用

費用は、各機関によって若干異なりますが、それほど大きくは変わりません。事前相談や面談に数千円から1万円、連絡型が5千円未満、受渡し型お

よび付添い型が１万円からといったところです。子どもと会うのにこれだけのお金がかかることに違和感を感じる方もおられるかもしれませんが、スタッフの拘束時間や手間を考えると、仕方のない値段だと思います。

　ただ、例外もあります。自治体の行政サービスの場合などは、所得制限はありますが、月１回、１時間に限って無料、という機関もあります。また、実施日や実施場所が決まっており、集団面会交流のような形にはなりますが、実質無料で利用できる機関もあります。使い勝手と価格とを比較しながら決めていただければと思います。

　(3)　利用可能な条件の違い

　第三者機関を選択する際、一番大切なのが利用条件です。たとえば、子どもの年齢や利用期間に制限を設けている機関もあります。また、調停や審判等で正式に合意していなければ、受けてくれない第三者機関もあります。事前によく説明を聞き、ニーズに合う機関を選ぶ必要があります。

5　面会交流第三者機関紹介

　面会交流事件の増加に伴い、面会交流支援団体の必要性が認知されるようになってきました。また、それと同時に、面会交流支援団体自体も少しずつ増えてきています。しかし、面会交流支援は、高葛藤夫婦の間をとりもつような支援であり、高い専門性が求められるにもかかわらず、支援団体を立ち上げるにあたって、何か法的な資格が求められるわけではありません。いわば「誰でも」面会交流支援団体を名乗れるという状況です。そのため、当事者が安心して利用できるよう、ある一定の「基準化・標準化」の動きが進んでいます。

　まずは、法務省が作成した「面会交流支援に関する面会交流支援団体等向け参考指針」（以下、「参考指針」という）と「面会交流支援団体等の一覧表」（以下、「一覧表」という）」です。参考指針は、公平・中立性や法令の遵守などを内容とする運営全般の指針や具体的な支援に関する指針、そして個人情

報の取扱いに関する指針などから構成されていて、面会交流支援団体が活動の参考にできる内容になっています。また、一覧表は、掲載を希望した団体を法務省がとりまとめたものです。掲載団体が安全・安心な団体であることを法務省が保証するものではありませんが、当事者や代理人にとって、支援団体を探す際の一つのツールになり得るものです。

面会交流支援団体等の一覧表 （法務省作成）	下記サイトに一覧表が掲載されています。 https://www.moj.go.jp/MINJI/minji07_00286.html

また、2019年10月、一般社団法人面会交流支援全国協会〈ACCS Japan〉（英語名：Association of Child Contact Support, Japan）が設立されました。この団体は、面会交流支援団体の適正を示す基準と認証制度を提供することを目的として、研修プログラムの提供などを活動内容としています。2022年10月にはACCSJ認証制度の申請応募を開始し、認証団体を同協会のホームページに掲載しています。

ちなみに、令和4年8月の上記法務省作成の一覧に掲載されている団体は次のとおりです。いずれもホームページを開設していますので、ご参照ください。筆者が直接話をうかがった団体については、表のあとに「ピックアップ」として紹介しています。

都道府県	名　　称	所在地（市区）
北海道	一般社団法人アイエムアイ	札幌市中央区
	札幌おやこ面会交流の会	札幌市中央区
岩手県	公益社団法人家庭問題情報センター 盛岡ファミリー相談室	盛岡市
宮城県	仙台家庭問題相談センター	仙台市

都道府県	名　称	所在地（市区）
山形県	面会交流支援センターやまがた （愛称「虹の会」）	山形市
栃木県	公益社団法人家庭問題情報センター 宇都宮ファミリー相談室	宇都宮市
群馬県	一般社団法人円満婚ソサエティ	前橋市
埼玉県	特定非営利活動法人 面会交流支援こどものおうち	熊谷市
千葉県	特定非営利活動法人 M-STEP	柏市
	公益社団法人家庭問題情報センター 千葉ファミリー相談室	千葉市中央区
東京都	一般社団法人オンネリ	立川市
	公益社団法人家庭問題情報センター 東京ファミリー相談室	豊島区
	特定非営利活動法人 JUST・JUST面会交流支援	港区
	一般社団法人 Turn to Smile たんとすまいる	港区
	東京都ひとり親家庭支援センターはあと	千代田区
	東京都ひとり親家庭支援センターはあと 多摩	立川市
	特定非営利活動法人 東京面会交流支援センター	新宿区
	にじいろ法律事務所・ にじいろ面会交流支援	千代田区
	特定非営利活動法人保育支援センター	千代田区
	NPO まめの木	墨田区
	特定非営利活動法人 Liora	豊島区
	一般社団法人りむすび	渋谷区

【付録1】 面会交流第三者機関完全マニュアル

都道府県	名　称	所在地（市区）
神奈川県	公益社団法人家庭問題情報センター 横浜ファミリー相談室	横浜市中区
	一般社団法人 びじっと・離婚と子ども問題支援センター	横浜市中区
	株式会社 Bonheur・BonheurShip	横浜市中区
新潟県	公益社団法人家庭問題情報センター 新潟ファミリー相談室	新潟市中央区
長野県	特定非営利活動法人 子ども・家庭支援センター HUG	長野市
	共に咲く花の会	諏訪郡
愛知県	特定非営利活動法人あったかハウス	名古屋市昭和区
	公益社団法人家庭問題情報センター 名古屋ファミリー相談室	名古屋市千種区
	一般社団法人 FamiliesChange	名古屋市西区
滋賀県	面会交流支援 OMI-VISITS	長浜 STUDIO：長浜市 大津事務所：大津市
京都府	特定非営利活動法人京都面会交流ひろば	京都市伏見区
大阪府	公益社団法人家庭問題情報センター 大阪ファミリー相談室	大阪市中央区
	特定非営利活動法人ハッピーシェアリング	大阪市福島区
兵庫県	ベルフラワー KOBE	神戸市中央区
島根県	公益社団法人家庭問題情報センター 松江ファミリー相談室	松江市
岡山県	特定非営利活動法人 岡山家族支援センターみらい	岡山市北区
	特定非営利活動法人 子ども家族生活サポートセンターいとでんわ	倉敷市
広島県	公益社団法人家庭問題情報センター 広島ファミリー相談室	広島市中区

都道府県	名　　称	所在地（市区）
	特定非営利活動法人こどもステーション	福山市
香川県	特定非営利活動法人 面会交流支援センター香川	高松市
愛媛県	公益社団法人家庭問題情報センター 松山ファミリー相談室	松山市
福岡県	公益社団法人家庭問題情報センター 福岡ファミリー相談室 （※）当分の間、新規受付を中止	福岡市中央区大
	特定非営利活動法人北九州おやこふれあい支援センター	北九州市小倉北区
	面会交流支援団体ハレル	福岡市博多区
佐賀県	ペアレンティングハウス （運営：TIPS HOSTEL）	三養基郡
長崎県	長崎県ひとり親家庭等自立促進センター （YELL ながさき）	長崎市
	一般社団法人ひとり親家庭福祉会ながさき ※ YELL ながさきの運営団体	長崎市
沖縄県	一般社団法人 沖縄共同養育支援センターわらび	南城市

【ピックアップ情報】

　各第三者機関の担当者からうかがった話をもとに、各機関のホームページには載っていない情報や各機関の特徴についてご紹介します。

◇FPIC東京ファミリー相談室

　FPICは（公益社団法人家庭問題情報センター）、家庭裁判所調査官のOBを中心とするメンバーで構成されています。経験豊富なベテランメンバーがサポートしますので、紛争性の高い案件も安心して任せることができます。特徴的なのは、付添い型のサービスを利用した場合、必要に応じて「声掛け」をしてくれるというところです。たとえば、久しぶりにあった別居親が子どものびっくりした様子を無視してスキンシップを求めようとする場面では、「お子さん、びっくりしちゃってますよ」、「もう少し時間をかけて慣らしていきましょう」などの声をかけてくれます。また、別居親が子どもと遊ぶことに慣れていない場合、子どもとの遊びをサポートしてくれたり、アドバイスをくれたりします。「付添いはあくまで付添いです。介入はしません。」という第三者機関もありますので、この点は大きな特徴といえます。

　利用の際は、調停が成立する前に、利用が可能かどうかも含めて一度相談に訪れ、「FPICでできることとできないこと」を把握しておきます。そのうえで、その内容を盛り込んだ調停条項を作成し、本申込みという流れになります。ホームページに利用方法や費用がかなり詳細に記載されていますので、それを確認のうえ、ご相談いただくとスムーズです。

　「FPICは利用料金を折半しないと受けてくれない」、「利用期間が1年に限られている」といった声を聞くこともありますが、そういうわけでもありません。費用にいて、ホームページには「事情が許せば応分に分担が望ましい」と記載されていますが、基本的には父母の話合いで自由に決めることができます。また、継続的援助の期間は1年ですが、翌年以降は更新も可能です。

◇東京都ひとり親家庭支援センター　はあと

　はあとの特徴は、東京都のひとり親家庭を支援する総合的窓口だということです。就労と生活の両側面の支援を行っており、面会交流支援のほかにも、ひとり親専門の就業相談や職業紹介、支援員による電話相談や弁護士による離婚前後の法律相談を行っています。

　はあとの面会交流支援は、収入制限をクリアすれば、無料で利用できます。利用期間は1年（更新なし）、面会交流は1か月に1回、1時間程度という制限がありますが、費用面がネックになって第三者機関の利用が難しい方にとっては、大変ありがたい支援です。

　父母双方から申請書等の必要書類が提出されれば、1、2か月程度で初回の面会交流が実施できるとのことでした。ただ、父母のどちらかしか書類を提出していなかったり、記載されている面会交流の内容が異なっていると、サービス開始に至りませんので、注意が必要です。

◇一般社団法人　びじっと　離婚と子ども問題支援センター

　びじっとの特徴は、何といっても取扱件数が多いことです。年間700回以上の支援（連絡調整を含む）を行っています。「子どもの福祉にかかわりたい」という有償および無償のボラティアが支援を担っていますが、オンライン研修やOJTなど充実した研修体制で支援員を育成しています。

　そのようなびじっとの特徴として、以下の点が挙げられます。

・公正証書や調停調書がなくても、合意があれば支援可能

　　びじっとは、必要な方に支援を届けたいという思いで、なるべく断らずに済むような制度・体制を目指しています。そのため、公正証書や調停調書がなかったとしても、支援に必要な項目について父母間合意があれば支援してもらえます。また、「支援員の数が足りないから依頼を受けられない」ということがないよう、支援員の採用や研修にも力を入れています。

・支援の年齢制限がない

支援団体の中には、子どもが一定の年齢以下であることを支援の条件としている団体もあります。しかし、びじっとは、支援の必要性は子どもの年齢だけでは測れない（たとえば、障害や発達特性のある子どもなど）と考え、年齢制限を設けていません。

・受渡し型や連絡調整型からの利用も可

まずは付添い型の支援を利用してから、受渡し型や連絡調整型への移行が求められる支援団体も少なくありませんが、びじっとは、初めから受渡し型や連絡調整型から利用することも可能です。

・ADR「くりあ」の立上げ

びじっとは、面会交流に関する法的なもめごとをワンストップで解決するため、法務大臣の認証を受けてADR機関を立ち上げました。これによって、何か解決すべき法的もめごとが発生した場合、家庭裁判所で決め直しをしなくても、ADRにて協議し、また支援を継続するという利用方法が可能となりました。

そして、最後にびじっとの支援方針をお伝えします。びじっとは、「かながわ子ども・子育て支援大賞」（令和3年度）を受賞していますが、まさに、面会交流支援を子育て支援の一環として位置づけています。そして、「子どもの10年先の未来のため、今の支援を行う」という理念の下、子どもがいい時間を過ごすための支援を続けています。

◇ NPO法人（特定非営利活動法人）ウィーズ

ウィーズの大きな特徴の一つに、年会費や交通費を除き、支援が無料であるという点があります。利用料を支払っていると、自分は顧客だという意識が芽生え、「お金を払っているのだから、自分の思いどおりにしてほしい」という要求につながってしまうからとのことでした。また、家庭裁判所で係争中の方は有料なのですが、係争中の案件は調整が難しいという理由のほかにも「子どものために早く争いを終わらせ、無料で円滑な面会交流をしましょう」というメッセージも含まれています。この利用料の設定からもわか

るように、ウィーズはあくまで「子ども支援」の団体だといえます。

　ウィーズでは、支援員の養成にも力を入れており、親が離婚していたり、家庭環境が恵まれなかったりといった「元子ども」の立場の方や大学生や一般の会社員の方など、さまざまな立場の方がおられるそうです。利用期間やお子さんの年齢による制限はありません。調停調書や公正証書といった面会交流を取り決めた文書があり、連絡手段がメールのみであることを了解できれば、基本的に支援してもらえます（もちろん、ルールを守らない人や攻撃的な方など、円滑な支援が難しい方はお断りされることもあるかと思います）。

　ウィーズのモットーは、「ひとりひとりが価値ある自分を信じられる社会に」です。そして、そんな社会を実現するため、面会交流支援のほかにも、ライン相談や子どもの居場所である「みちくさハウス」の運営など、子ども支援のための幅広い活動をしています。

◇株式会社 Bonheu　BonheurShip（ボヌールシップ）

　株式会社 Bonheur の面会交流支援事業ボヌールシップは、2017年11月に開始されました。その前年に夫婦問題の相談業務を始めたところ、面会交流に悩む声が多く、また、同年は面会交流中の事件が相次いだこともあり、支援機関の必要性を感じたことが支援事業を始めたきっかけだそうです。

　ボヌールシップの面会交流は、非常に特色があります。まず、場所は、休日の保育園を利用して行われます。そこに複数の親子がやってきて、保育士が同席のもと、工作をしたり、リトミックやピアノを楽しんだりとワークショップに参加もできます。このように、複数の親子を同時に支援することで、利用料を下げることができますし、また、ワークショップに参加すれば、小さい子どもと遊び慣れていない別居親でも楽しく触れ合えます。

　支援員は保育士に加えて、カウンセラーやひとり親家庭の中高生ボランティアなど多様なメンバーが揃っているとのことで、多くの目で見守ってもらえる点では、預ける同居親も安心です。ボヌールシップは、このように、他の支援団体とは異なる独自の支援スタイルで面会交流支援に新しい風を吹

き込んでいますが、その原点には、父母間のトラブルを防止し、その間に挟まれた子どもの気持ちを大切にしたいという思いがあるそうです。

◇一般社団法人沖縄共同養育支援センターわらび

わらびは、2019年7月、沖縄県初の面会交流支援団体として設立されました。そもそも、沖縄では「面会交流」という言葉すら知らない人が多かったそうですが、設立以降、利用者も増え、現在は支援員の採用や育成にも力を入れているそうです。そんなわらびの特徴は、支援員の半数以上が臨床心理士もしくは公認心理師という点です。この点については、ほかの支援団体にはない贅沢な特徴といえます。また、実際の面会交流の場面だけではなく、事前・事後のガイダンスやカウンセリングを大切にしている点も特徴です。これも心理職支援員ならではかもしれません。

まだ設立から日は浅いですが、沖縄県唯一の面会交流支援団体に対する期待は大きく、県の委託事業も受託しています。セミナー等の教育活動にも力を入れており、年に2回、面会交流に関するセミナーを実施していますので、利用を検討している方は、まずはそういったセミナーに参加してみるのもいいかもしれません。

◇株式会社ハッピーシェアリング　面会交流マッチングシステム

面会交流マッチングシステムは、いわゆる連絡調整型の支援をシステム上で行うものです。直接相手に連絡をとらないので、連絡先を教える必要もありませんし、やりとりが原則定型文で入力の文字数にも制限がありますので、「相手からの感情的なメールに疲れてしまう」という方にはお勧めです。それでも問題が発生したときは、管理人がアラートメッセージを送ってくれる見守り機能付きですので、心理的な安心も得られます。子どもの写真や行事予定などを共有できる機能も付いていて、普通の連絡調整型の支援より安価（1か月2000円／組）なのも魅力です。

【付録２】 参考文献

小田切紀子＝野口康彦＝青木聡編著『家族の心理』（金剛出版、2017）

梶村太一「766条改正の今日的意義と面会交流の原則実施論の問題点」戸籍時報692号

片山登志子＝村岡泰行編・面会交流実務研究会『代理人のための面会交流の実務』（民事法研究会、2015）

仲真紀子編著『子どもへの司法面接』（有斐閣、2016）

二宮周平＝渡辺惺之編著『離婚紛争の合意による解決と子の意思の尊重』（日本加除出版、2014）

二宮周平「親の離婚と子どもへの情報提供〜その必要性と可能性」戸籍時報731号

野口康彦「親の離婚を経験した子どもの精神発達に関する研究」風間書房（2012）

細谷郁＝新藤千絵＝野田裕子＝宮崎裕子「面会交流が争点となる調停事件の実情及び審理の在り方―民法766条の改正を踏まえて―」家裁月報64巻7号

Judith S. Wallerstein ほか・早野依子訳『それでも僕らは生きていく―離婚・親の愛を失った25年間の軌跡―』（PHP研究所、2001）

著者紹介

【著者紹介】

小　泉　道　子（こいずみ　みちこ）

平成14年に家庭裁判所調査官補として採用された後、関西および関東を中心とした家庭裁判所に勤務した後、平成29年３月に辞職。同年12月、法務大臣の認証を取得し、離婚をはじめとする親族間紛争を扱うADR機関「家族のためのADRセンター」を設立。

◉「家族のためのADRセンター　離婚テラス」について◉

家族のためのADRセンターでは、「５年後、10年後の穏やかな幸せを目指した解決」をモットーに、特にお子さんのいるご夫婦の離婚調停を多く扱っています。「平日の夜間や土日も話し合える」、「９割以上がオンライン調停」、「早期解決が可能」といった民間の調停機関ならではの利便性だけではなく、質の高い調停を提供できるよう、日々研鑽を重ねています。詳しくは、下記ホームページをご覧ください。

　　　　　　HP：https://rikon-terrace.com/
　　　　　　E-mail：info@rikon-terrace.com
　　　　　　Tel：03-6883-6177

元家裁調査官が提案する　面会交流はこう交渉する
――事前交渉から調停段階まで　ポイントは早期解決と子の福祉の視点――

平成29年12月13日　第1刷発行
令和4年10月16日　第3刷発行

　　　　　　　　　　　　　　　　定価　本体2,300円＋税

著　者　小　泉　道　子
発　行　株式会社　民事法研究会
印　刷　株式会社　太平印刷社

発行所　株式会社　民事法研究会
　　　〒150-0013　東京都渋谷区恵比寿3-7-16
　　　〔営業〕☎03-5798-7257　FAX 03-5798-7258
　　　〔編集〕☎03-5798-7277　FAX 03-5798-7278
　　　https://www.minjiho.com/　　info@minjiho.com

カバーデザイン／関野美香　　ISBN978-4-86556-192-0　C2032　¥2300E
本文組版／民事法研究会（Windows10 64bit+InDesign2018+Fontworks etc.）
落丁・乱丁はおとりかえします。

研修でしか明かしてこなかった"秘伝の調停スキル"を収録！

"当事者に寄り添う"
家事調停委員の基本姿勢と実践技術

飯田邦男　著

A5判・208頁・定価 2,640 円（本体 2,400 円＋税 10％）

▶ "当事者に寄り添う"をキーワードに、家事調停委員に求められる基本姿勢と実践技術を、関連する理論や事例を交えて、調停委員、弁護士、司法書士等の調停にかかわる方々にわかりやすく解説！

▶ 個々の事柄については、単なる説明だけではなく、その背景にある理論や考え方を図を示しながらわかりやすく解説し、また実例や具体例を多く紹介することで理解がしやすい！

▶ 著者が講演・研修の参加者にしか示してこなかった"秘伝のスキル"である「SOLER」（実技）と「内的観点からの相手理解」（演習）を本書で初めて公表し、読者自ら考える課題も収録！

本書の主要内容

1　家事調停と家事調停委員
2　家事調停委員の専門性
3　家事調停の領域専門性
4　家事調停委員の基本姿勢
5　家事調停委員の面接に役立つ実践技術
6　話を聴く
7　アクティブ・リスニングの技術
8　当事者を理解する実践技術
9　内的観点からの相手理解の演習
10　当事者をより深く理解するための視点
11　人間関係調整の実践技術
12　民事・家事調停委員の研修会
13　演習問題の解説

発行　民事法研究会

〒150-0013　東京都渋谷区恵比寿 3-7-16
（営業）TEL. 03-5798-7257　FAX. 03-5798-7258
http://www.minjiho.com/　info@minjiho.com

当事者間の調整の方法、支援機関の利用方法などアドバイスが満載！

代理人のための
面会交流の実務
――離婚の調停・審判から実施に向けた調整・支援まで――

片山登志子・村岡泰行　編
面会交流実務研究会　著

A 5 判・195 頁・定価 2,420 円（本体 2,200 円＋税 10％）

▶別居中・離婚後の親子の面会の実施を支援する弁護士などの法律実務家のために、家庭裁判所での調停・審判手続の流れと留意点、面会交流紛争の実情・特徴を踏まえた当事者間の調整の方法、FPICなどの支援機関の利用方法など、実践的なアドバイスが満載！

▶平成23年改正民法による「父又は母と子の面会及びその他の交流」の明文化、家事事件手続法の制定・施行、国際的な子の奪取の民事上の側面に関する条約（ハーグ条約）の締結と国際的な子の奪取の民事上の側面に関する条約の実施に関する法律（条約実施法）の成立・施行、平成25年３月の面会交流における間接強制に関する最高裁決定など、近時大きな転換期を迎えている面会交流の最新事情を網羅！

本書の主要内容

第１章　面会交流の意義と最近の動き

第２章　面会交流紛争を解決する手続の流れと代理人の留意点

第３章　面会交流を実施するための関係諸機関

第４章　ハーグ子奪取条約・実施法と「子の引渡し」

第５章　紛争事例に学ぶ面会交流の実務
　Ⅰ　面会交流紛争事例Ｑ＆Ａ
　Ⅱ　面会交流をめぐる審判却下事例
　Ⅲ　面会交流をめぐる調停条項、審判・決定主文と実務上の留意点

発行　民事法研究会

〒150-0013　東京都渋谷区恵比寿 3-7-16
（営業）TEL. 03-5798-7257　FAX. 03-5798-7258
http://www.minjiho.com/　info@minjiho.com

裁判例・審判例の考え方のわかりやすい解説を加え大幅増補！

夫婦関係調停条項作成マニュアル〔第6版〕
─文例・判例と執行までの実務─

小磯 治 著

A5判・288頁・定価 2,970 円(本体 2,700 円+税 10％)

▶複雑化・多様化する夫婦関係調停事件の法的な諸課題に論及しつつ、具体的な実務指針を133の条項例をとおして教示する実践的手引書！
▶第6版では、審判・調停調書に基づく面会交流の間接強制、再婚・養子縁組に伴う養育費の額、内縁解消・詐害行為・住宅ローンと財産分与、出産育児一時金・子ども手当と婚姻費用分担など、近時公表された裁判例・審判例を大幅増補！
▶裁判所関係者、調停委員、弁護士、司法書士など夫婦関係調整調停にかかわるあらゆる関係者の必携書！

本書の主要内容

序　章	調停条項作成に際して
第1章	離婚および離婚後の戸籍に関する条項
第2章	親権者指定等および面会交流に関する条項
第3章	養育費に関する条項
第4章	財産分与等に関する条項
第5章	婚姻中の債権債務に関する条項
第6章	離婚時年金分割に関する条項
第7章	慰謝料に関する条項
第8章	保全処分事件の処理に関する条項
第9章	清算に関する条項
第10章	強制執行による履行の確保

発行 民事法研究会

〒150-0013　東京都渋谷区恵比寿 3-7-16
（営業）TEL. 03-5798-7257　FAX. 03-5798-7258
http://www.minjiho.com/　info@minjiho.com

最新実務に必携の手引

実務に即対応できる好評実務書！

2018年10月刊 相続の承認・放棄をめぐる各種手続に利用する書式を網羅的に登載！

Q&A 限定承認・相続放棄の実務と書式

「限定承認」については、相続債権者らに対する公告・催告、相続財産の換価・弁済までの管理・清算手続における法的問題を、「相続放棄」については、相続人間の利益相反行為や事実上の相続放棄との関係などの法的問題を取り上げて解説！

相続実務研究会　編

（Ａ５判・323頁・定価 3850円（本体 3500円＋税10％））

2018年3月刊 依頼者の利益を最大化するためのノウハウが満載！

実践　訴訟戦術［離婚事件編］
――弁護士はここで悩んでいる――

交渉から裁判手続、執行までの手続上の留意点から子ども、離婚給付等の争点、最近のトピックの渉外離婚まで経験豊富な弁護士が新人弁護士の質問に答える貴重な研究会の内容を開示！

東京弁護士会春秋会　編

（Ａ５判・349頁・定価 3300円（本体 3000円＋税10％））

2020年4月刊 2019年末公表の改定養育費算定表に対応！

Q&A離婚相談の法律実務
――養育費・面会交流・子どもの問題・財産分与・慰謝料――

離婚事件で押さえておきたい基本から実務のノウハウまでを網羅した実践書！別居や離婚に伴う子どもの視点を重視し、面会交流の方法や離婚後の生活補償などにも配慮した取り決めの要点がわかる！

弁護士　吉岡睦子・弁護士　榊原富士子　編著

（Ａ５判・335頁・定価 3410円（本体 3100円＋税10％））

2018年5月刊 「財産分与」と「離婚時年金分割」の実務を柱に、基本知識や手続、ノウハウを解説！

Q&A財産分与と離婚時年金分割の法律実務
――離婚相談の初動対応から裁判手続まで――

ローン付住宅・退職金・企業年金などの取扱い、離婚後の生活の柱となる離婚時年金分割制度のしくみや手続、「調停に代わる審判」で変わった離婚調停の実情など、最新の運用にもとづき書式も織り込みわかりやすく解説！

弁護士　小島妙子　著

（Ａ５判・234頁・定価 3080円（本体 2800円＋税10％））

発行　民事法研究会

〒150-0013　東京都渋谷区恵比寿3-7-16
（営業）TEL 03-5798-7257　FAX 03-5798-7258
http://www.minjiho.com/　info@minjiho.com

最新実務に必携の手引

| 実務に即対応できる好評実務書！ |

2022年10月刊 具体的場面での能力判定にあたり役立つ適切な情報を提供！

英国意思能力判定の手引
──MCA2005と医師・法律家・福祉関係者への指針──

意思決定支援に関する研修では、必ず言及されるイギリスの2005年意思能力法（Mental Capacity Act[MCA]2005）。そのもとでの能力判定の実務について、医療関係者、法律実務家、福祉関係者向けに具体的に示した関係者必携の書！

英国医師会　英国法曹協会　著　新井　誠　監訳　紺野包子　訳
（Ａ５判・300頁・定価 4400円（本体 4000円＋税10％））

2022年9月刊 高齢の依頼者からの「終活」について相談対応する際に知っておくべき事項を網羅！

終活契約の実務と書式

財産管理・法定後見・任意後見・死後事務委任・遺言・見守り（ホームロイヤー）などといった各サービスを一括して受任する契約である「終活契約®」の実務を終活契約と関係する書式を織り込みながら、ポイントを押さえて解説！

特定非営利活動法人　遺言・相続・財産管理支援センター　編
（Ａ５判・424頁・定価 3960円（本体 3600円＋税10％））

2022年8月刊 急増している個人民事再生手続の実務のすべてを書式を織り込みつつ詳解！

個人民事再生の実務〔第4版〕

債務整理の相談から、申立て、開始決定、債権調査・財産評定、再生計画案作成と認可、住宅ローン特則、個人再生委員の職務まで、手続の解説にとどまらず、必要な書式を網羅して実務上の留意点まで詳解した定番書の最新版！

日本司法書士会連合会多重債務問題対策委員会　編
（Ａ５判・529頁・定価 5060円（本体 4600円＋税10％））

2022年8月刊 2022年6月1日施行の改正公益通報者保護法に対応！

内部通報・内部告発対応実務マニュアル〔第2版〕
──リスク管理体制の構築と人事労務対応策Ｑ＆Ａ──

第2版では「通報者・通報対象事実の拡大」「通報者の保護要件の緩和」「内部公益通報対応体制の義務付け」等がなされた2022年6月施行の改正公益通報者保護法とそれに伴い策定された指針等に対応して改訂増補！

阿部・井窪・片山法律事務所　石嵜・山中総合法律事務所　編
（Ａ５判・325頁・定価 3630円（本体 3300円＋税10％））

発行　**民事法研究会**

〒150-0013　東京都渋谷区恵比寿3-7-16
（営業）TEL 03-5798-7257　FAX 03-5798-7258
http://www.minjiho.com/　　info@minjiho.com